Indomável

Indomável

MALU GARCIA

As descobertas de uma brasileira em Cuba

Labrador

© Malu Garcia, 2024
Todos os direitos desta edição reservados à Editora Labrador.

Coordenação editorial Pamela J. Oliveira
Assistência editorial Leticia Oliveira, Jaqueline Corrêa
Projeto gráfico e capa Amanda Chagas
Diagramação Estúdio dS
Ilustração de miolo Rucke
Revisão Laila Guilherme
Imagens de miolo Acervo pessoal da autora
Imagens de capa Hotel Nacional de Cuba por Kotoviski (Wikimedia), Freepik, e imagens geradas via prompt no Midjourney e no Firefly

Dados Internacionais de Catalogação na Publicação (CIP)
Jéssica de Oliveira Molinari - CRB-8/9852

Garcia, Malu

Indomável : as descobertas de uma brasileira em Cuba / Malu Garcia. – 1. ed. –
São Paulo : Labrador, 2024.
192 p.; il.

ISBN 978-65-5625-490-6

1. Cuba – Descrições e viagens 2. Garcia, Malu – Memória autobiográfica I. Título

23-6629 CDD 972.91064

Índice para catálogo sistemático:
1. Cuba – Descrições e viagens

Labrador

Diretor-geral Daniel Pinsky
Rua Dr. José Elias, 520, sala 1
Alto da Lapa | 05083-030 | São Paulo | SP
contato@editoralabrador.com.br | (11) 3641-7446
editoralabrador.com.br

A reprodução de qualquer parte desta obra é ilegal e configura uma apropriação indevida dos direitos intelectuais e patrimoniais da autora. A editora não é responsável pelo conteúdo deste livro. A autora conhece os fatos narrados, pelos quais é responsável, assim como se responsabiliza pelos juízos emitidos.

Para Zé,
por tanto até aqui;
e para Lorena e Enzo,
la vida toda.

Somos uma ilha, uma sociedade insular. De frente para o mar, a Ilha esperou por seus primeiros habitantes; de frente para o mar, por seus conquistadores; de frente para o mar, os seus libertadores; de frente para o mar, rejeitou os seus invasores, e de frente para o mar esperou por todos aqueles que, com boa vontade, em meio ao isolamento imposto e reiterado, amaram e amam Cuba.

Eusebio Leal, em tradução livre

SUMÁRIO

Prefácio — 11

PRIMEIRA PARTE
OITO VEZES EM CUBA — 13

Aterrissagem — 15
O Deus do Egrégio Tribunal — 19
Sorrisos escapam de dentro dos automóveis — 23
Feira Internacional do Livro — 27
Em Cayo Largo com o Richard Gere — 34
Paisagens de folhinhas — 42
Como assim, não viu o Malecón? — 50
Na fila da Coppelia — 57
A santa mala — 64
Uma mercearia na mala — 71
Mala, escassez e minimalismo forçado — 77
Sentada num banco — 82
Dignidade — 87
As cambalhotas da vida — 93
Na saída, um festival de igualdade — 100
Show do Silvio Rodríguez — 106
¿Qué pasa, muchacho? — 111
Yo tengo novio cubano — 115
Ela chama Teresa — 118

SEGUNDA PARTE
CRUEZAS DA INCERTEZA ———— 125

Cinco dias presa ———————————— 127
Turista controlada ———————————— 134
Frutinhas vermelhas ——————————— 141
Eu, massagista ————————————— 146
Adolescência tardia ———————————— 153
Lys ——————————————————— 160
Em busca de Padura ——————————— 166
Agradecimentos ————————————— 173

PREFÁCIO

Narrativas de viagem e memórias se misturam, e neste livro o leitor se sente como se as ouvisse confortavelmente ao redor do fogo ou à beira-mar. *Indomável* é bastante sensorial. Ao virar as páginas é possível encontrar uma miríade de paisagens, estados de espírito, cores, nuances, sensações. Tudo se passa em Cuba, o que torna o encontro ainda mais colorido e vibrante.

Não se recomenda ler as crônicas isoladamente: trata-se de uma narrativa longa, uma crônica contínua, um saboroso relato de viagem, onde é fácil se identificar e sentir empatia/simpatia pela narradora/autora, e a progressão do texto vai nos levando cada vez mais para dentro do universo da ilha; o seu olhar sobre o país, que gradativamente vai ganhando familiaridade e profundidade, é generoso em traduzir a experiência por meio de um jogo de espelhamento do ambiente e do seu universo interior: a paisagem muitas vezes funciona como potencialização do psicológico ou como elemento ativador de memórias. É, por isso, um belo livro de memórias também. Elas vêm de forma fluida, bem colocadas na "trama" que estamos acompanhando, e são, em grande parte, repletas de uma poesia que extravasa as imagens; em muito, comoventes.

É notável também a estrutura do livro; é dividido em partes, nas quais o tom e a forma são alterados (a forma de diário é assumida nas primeiras páginas da segunda parte). A integração de informações históricas, sociais, culturais com as dimensões íntimas é muito bem realizada, e isso faz com que o livro ofereça uma leitura elucidativa que desperta grande curiosidade sobre o país retratado.

Por abordar muitos contrastes, a autora revela duas viagens: uma territorial, outra identitária. Ao fim, temos uma narradora diferente, e é bonito acompanhar essa delicada transformação; trata-se da velha história de perder-se para encontrar-se, de deslocar-se para enfim fazer morada em si mesma.

A escrita de Malu domina as variações entre o que necessita de maior formalidade e as falas coloquiais. Nesse ponto, é destaque o humor, muito afinado, latente, que não soa forçado e nos situa por inteiro na narrativa como interlocutores, pois rimos junto e vamos conhecendo melhor uma personalidade interessante, amigável, cheia de subjetividade e graça. As descrições da ilha são invariavelmente estonteantes, cálidas, repletas de vida, sopro, cheiros. As personagens que surgem no decorrer dos capítulos são também bem-apanhadas, delineadas com dimensão. Histórias bem-vindas de grande humanidade.

É um livro para viajar à indomável Cuba. Junto com Malu.

Léo Tavares, escritor

PRIMEIRA
PARTE

OITO VEZES EM CUBA

ATERRISSAGEM

É sempre no primeiro sorriso que
sabemos se estamos no lugar certo

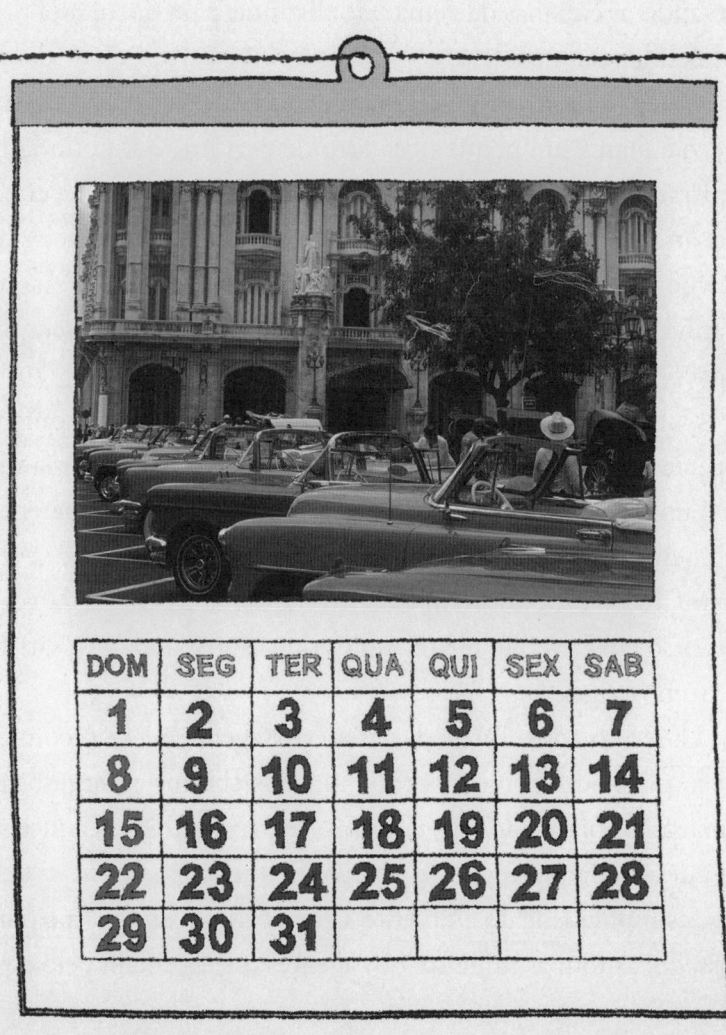

Quando um avião aterrissa em qualquer pista de aeroporto do mundo, esse momento de alívio, digamos, nunca dá noção do país que se vai encontrar depois do balcão da imigração. Mas em Cuba dá.

E mais: acontece antes. Na cabine mágica — sim, porque para mim são pura magia aquelas luzinhas todas acesas —, o comandante anuncia *Bienvenidos a la Ciudad de La Habana, aeropuerto José Martí*, e a minha pressa de desatar o cinto, tal qual em outras aterrissagens, acaba por completo. Ah, como me entretenho observando as cubanas da gema, tão distintas para quem está prestes a desembarcar a passeio.

Coreograficamente, elas sacam de suas bolsas de todo tamanho, preço e marca um pequenito vidro de perfume e se abundam em espirrar-se; todos os esguichos se misturam numa névoa cheirosa que atravessa a garganta. Não raro, devido ao cansaço pelas horas de voo, o aroma pode despencar como chuva no estômago, tamanha a quantidade dos cheiros dispersos ao mesmo tempo em espaço tão exíguo.

Com o tempo, essa atmosfera perfumada funciona como uma espécie de boas-vindas, e vou percebendo que a memória olfativa é uma poderosa senhora a me dominar. Em mim, parece que os cheiros ficam em algum lugar, guardados, esperando o clique do olfato para explodirem em riso ou em saudade. Toda vez que aterrisso em Havana, me tocam os dois: sorrio e respiro satisfeita. Sinto nostalgia.

Lá se vão anos. Em todas as aterrissagens, me vejo com o coração pulsando forte só porque um dos cheiros aspergidos pelas cubanas esborrifando seus perfumes me faz lembrar as delícias que vivi depois de ultrapassar o balcão da imigração.

A simplicidade do ambiente, do mobiliário antigo, meio ultrapassado, as roupas militares dos agentes que circulam pelo espaço, dos monitores de computador ao tipo de piso ladrilhado, tudo remete à sensação de estar entrando nas cenas de um filme antigo.

E isso é assim ainda hoje.

Em 2005, primeira vez que desembarquei na ilha, uma sucessão de acontecimentos generosos foi se encadeando, e, quando dei por mim, saquei que minha bússola interna, indomável, sempre me norteou para voltar. Voltei mais oito vezes. A última, creio, me salvou a vida.

Já na imigração se é atendido por jovens, apesar de muito sérios, meninos e meninas, simpáticos, acolhedores: te olham nos olhos, conferem o visto que você comprou por 20 dólares e preencheu no balcão da companhia aérea e, sem delongas, te carimbam o passaporte caso não tenha o visto estadunidense. Se o tiver, eles carimbam no próprio visto. Esse cuidado se deve ao antigo e severo bloqueio econômico norte-americano contra a Ilha. Teoricamente, se houver carimbo de Cuba no passaporte, a pessoa tem "problemas" para viajar aos Estados Unidos.

Ao cruzar a porta do aeroporto, o bafo quente caribenho é capaz de alcançar até as amígdalas. Todos os lenços, blusas e jaquetas que você vestiu para encarar o ar-condicionado durante o voo vão se tornando estranguladores com o poderio de uma píton. Qualquer manga cola, qualquer gola é demais. Sempre cabeluda, até minha nuca solicita um pouco mais de ar para respirar e continuar sua rotina inglória de ver a vida com o *delay* eterno de só enxergar as coisas depois que meus pés já passaram.

Todo o corpo, na verdade, já quer desenroupar-se, e isso é algo bem automático. Fazendo uma relação bem sem-vergonha aqui, não me levem a mal, e não é à toa que mormaço tem namoro, amorico, rabicho, xodó como sinônimos: despir-se em Cuba é quase imperativo. Nunca estive em outro lugar onde sensualidade e calor combinam tão refinadamente. "Sensualizar" é um verbo nacionalmente muito bem conjugado, de ponta a ponta da ilha, diga-se. Cubanos e cubanas sabem bem disso. São campeões em sedução e em generosidade. A música, a dança e a lábia são por excelência acessórios inatos, além do sorriso fácil, claro.

E é sempre no primeiro sorriso que sabemos se estamos no lugar certo. Ou não.

Em mim, é isso que tem o poder de me fazer ir ou ficar em qualquer lugar. Em Cuba, permaneci. Fisicamente, partia da ilha, mas a cada vez ia embora mais envolvida. Trazia as músicas recém-descobertas e passava a ouvi-las repetidamente, como uma forma de me sentir um pouco ainda lá.

Descobri Silvio Rodríguez, Liuba María Hevia, Pablo Milanés, Compay Segundo, Carlos Varela. Passei a ler os autores locais. Descobri preciosidades e vou me apaixonando, diversa e ecleticamente, por Leonardo Padura, Roberto Fernández Retamar, Pedro Juan Gutiérrez, José María de Herédia.

No geral, cubanos e cubanas são pessoas essencialmente generosas com quem fica fácil criar laços. Os novos afetos, em especial, me apresentam mais músicas e escritores, mais artistas admiráveis, lugares singulares, vivências e pores de sol de um tipo tão intenso que fui contemplando como preces capazes de me salvar nos amanheceres seguintes, caso despertasse agonizante. Com eles, *in loco*, vou me envolvendo e me emocionando ao desvendar a história dessa ilha, indomável por séculos, seja por espanhóis, russos ou norte-americanos.

A cada descoberta, me entrego mais. E muito mais Cuba me oferece: culinária deliciosa, bebidas incríveis, cinema genial, charutos que eu amo. E gente. Gente boa pra caramba. Com tudo isso como porta de entrada, mesmo morando a sete mil quilômetros de distância, despojada, eu vivo mesmo é na Ilha.

O DEUS DO EGRÉGIO TRIBUNAL

Uma grande confusão para o meu padrão zero de experiência em ser turista

O melhor voo daquele tempo, anos 2000, partia direto de São Paulo e chegava bem cedinho em Havana. Feitos os trâmites com o passaporte e o visto no balcão da imigração, é praxe, no saguão, após o corredor que leva à grande e barulhenta porta de saída, a concentração dos motoristas com plaquinhas nas mãos com os nomes escritos de quem desembarca já com o *transfer* anteriormente contratado.

Naquela época, ainda não havia hospedagem para turistas nas casas de cubanos, como hoje, no melhor estilo Airbnb. Minha reserva era para o Hotel Riviera. Dez noites. Vencida a esteira, mala à mão, a saída é uma só com uma última barreira, mas nem por isso menos palpitante: um monte de homens, na sua maioria, com as danadas plaquinhas. A confusão espalhada, o barulho e a tensão são sempre uma só: "Cadê a minha plaquinha? E se não estiver lá, o que eu faço?".

Não sei se por causa do sono atrapalhado, dominada por um tipo de esgotamento que só seria vencido tomando café com leite de verdade, eu avistava as coisas em duplicidade. À direita, uma Malu Garcia em letras garrafais dançava para todos que passavam. Engraçado: tinha certeza de que nosso *transfer* havia sido contratado em nome da minha amiga, Vic, e por isso fomos advertidas na agência de turismo que a plaquinha estaria à procura de Maria Campos, o primeiro e o último nome dela.

Tratava-se de um *transfer* que seguiria para o mesmo hotel com um terceiro passageiro. Já estávamos informadas desde o Brasil. Por pura sorte, ele sentou-se ao meu lado. Na conversa, me contou que estava tirando uns dias de férias por sua conta, sem comunicar o tribunal ao qual estava subordinado. Em resumo, tinha feito um pequeno procedimento cirúrgico, mas, livre de audiências no fórum, resolveu aproveitar os dias a que tinha direito por, teoricamente, ter que convalescer, e resolveu se presentear com alguns dias em Cuba.

Naquela época, eu ainda achava um pouco estranho alguém viajar sozinho. Conversamos sobre pontos turísticos e algumas outras amenidades, dessas a que nos dedicamos quando, por educação, o momento inflige mútuas apresentações. Contou que estava na magistratura havia dez anos. Deduzo: um puta salário, duas férias anuais, mais folga no recesso forense, auxílio em cima de auxílio. O que é o pequeno luxo de convalescer do reparo estético no Caribe, não é mesmo?

Bem, era ele o terceiro passageiro do *transfer* e calhou de sentar-se exatamente ao meu lado, resumindo sua vida ganha de servidor do glorioso egrégio Tribunal de Justiça de São Paulo, me convencendo de que escolher a advocacia, sem ter pais ricos e contatos que me encaminhassem na carreira dos deuses, tinha sido uma baita burrada.

Na confusão de acenos, foi ele quem rapidamente identificou o nome do nosso hotel na plaquinha Maria Campos, conforme constava em nossos *vouchers*. Ao lado, a tal plaquinha com meu nome me surpreende, inaugurando uma grande confusão para o meu padrão zero de experiência em ser turista. O senhor que portava a plaquinha tentava explicar que era funcionário da Embaixada do Brasil e estava ali para me levar ao hotel.

O outro senhor, com a placa Maria Campos, mostrava o tíquete com nossos nomes inteiros, número de voo, horário de chegada, horário de partida de volta em nove dias, além do recibo com o nome da agência que contratamos. E, importante: pagamos.

Diante do impasse, o típico exemplar de deus da meritocracia só conseguiu elaborar uma única possibilidade: que o carro da Embaixada tivesse sido uma espécie de cortesia de buscar a nós três no aeroporto, "talvez" por ele ser juiz de Direito; afinal, deuses acertam até mesmo quando erram, não é?

Sem delongas, ele se põe na porta e quer entrar no carro da Embaixada estacionado ao nosso lado. A atitude rende um movimento meio rude da minha parte. Um pouco surda pelo volume alto do burburinho típico de saguão lotado, enquanto conferia os papéis e tentava entender o que diziam dois homens falando ao mesmo tempo em espanhol ligeiro, faço-o recordar que ele estava escondido do egrégio tribunal, meodeos!

O carro da Embaixada Brasileira, então, não podia ser para ele, tampouco para nós. Apesar de o nome na plaquinha ser o meu, e o chofer ter meus dados e o nome do hotel que eu reservara, aquela deferência só podia ser um engano.

O motorista da Embaixada, muito humilde e com sorriso largo, compreendeu que eu preferia seguir no outro carro. Agradeci-lhe e partimos — eu, Vic e o Deus do Egrégio Tribunal, sem nenhuma sombra de desconcerto pela presunção — na direção do Riviera, o hotel que fora construído pela realeza da Máfia que mandava nos Estados Unidos e na Itália e, até 1959, fazia de Cuba uma Monte Carlo caribenha, *pero* às avessas. Na Ilha grassavam o analfabetismo, a prostituição e toda sorte de explorações sem limites.

SORRISOS ESCAPAM DE DENTRO DOS AUTOMÓVEIS

Me sinto batizada a cada chegada
ao meu santuário insular

Não consigo fugir do clichê de chegar numa cidade *vendida em imagens* e não me sentir ansiosa por avistar logo a sua maior marca. Pode notar: chegando em Paris, enquanto não se avista a torre, ainda não se está em Paris, certo? Em Cuba, claro, na minha total impossibilidade de avistar a sua maior marca, ou seja, o próprio Fidel, foi na imagem dos carros antigos, autêntico patrimônio local, que concentrei meu radar para cair a ficha de que estava pisando em Cuba. Não sei bem por que sempre fui uma aficionada por carros antigos. E Cuba tem para me oferecer o paraíso deles. E assim foi. Assim é.

Saindo do aeroporto, os carros antigos, parrudos e magicamente coloridos são de fato a primeira visão. Ainda hoje, passados dezoito anos da minha primeira viagem, é assim. O desfile deles à minha frente tem uma lentidão quase proposital que é para mim — curiosa — pousar meus olhos lá dentro. E sorrir. Faço sempre esse teste. Não sei decifrar se é uma felicidade purinha por eu estar de volta, ou o que é. Sei que a cada vez repito esse ritual meio bobo, tipo boas-vindas para mim mesma.

É batata. Aqueles sorrisos soltos instantaneamente retornam. E me sinto novamente batizada a cada chegada no meu santuário insular.

De cara, é fácil distinguir os cubanos dos estrangeiros. E em Havana, especialmente, há muitos turistas. São eles quem dão o notável colorido à composição de qualquer paisagem. Ocorre que, além da quantidade de turistas que pintam Havana com esse charme, a cidade — por ser a capital — sedia mais de 190 embaixadas. Como termo de comparação, Brasília tem 133 embaixadas, além de outros 59 embaixadores creditados para o Brasil nas Américas, alguns dos quais escolhem viver em Washington ou Buenos Aires e outros, pasmem, preferem ficar em Havana.

Todo um mundo diplomático concentrado numa cidade relativamente pequena como Havana gera muitos encontros e pode produzir laços para a vida toda. Amizades improváveis em outras circunstâncias. Um indonésio de um metro e meio, melhor amigo de um nórdico de dois metros, por exemplo, é algo que chama a atenção. Recordo de um amigo suíço que se afeiçoou tanto aos cubanos e ao modo de vida na Ilha, dizendo que, a cada vez que voltava para a Suíça, dez ou quinze dias já eram o suficiente para morrer de saudade da "bagunça" de Cuba. Nesse quesito, eu era obrigada a adverti-lo de que isso acontecia porque ele nunca servira no Brasil. Convenhamos: de bagunça, *nós entendemos*.

Agora, uma curiosidade mais concreta é o tamanho da Embaixada da Rússia. Para qualquer um que tome o caminho do aeroporto, é impossível não notar o impressionante edifício no bairro de Miramar. Em estilo construtivista, seu formato lembra algo entre uma espada e uma seringa. Realmente suntuoso.

Outro dado que dá indício da quantidade de estrangeiros trabalhando na Ilha em missões diplomáticas é a alta circulação de automóveis normalmente de luxo, destoando da grande frota cubana, formada pelos famosos calhambeques chamados "clássicos", como eles dizem. E muitos Ladas, reminiscência da época soviética.

Em Cuba, a frota de carros tem uma peculiaridade: há uma grande quantidade de automóveis pertencente ao Estado e um número relativamente menor a particulares, numa total inversão ao que ocorre no Brasil.

Os carros do corpo diplomático têm um D. Se for D 01, o veículo é dirigido pelo próprio embaixador. Os carros de locação para turistas têm na placa a letra T. Os que servem ao Estado, B e os particulares, P. E existem os táxis, identificáveis igualmente no mundo inteiro.

A minha fixação por esses modelos antigos, marca registrada da propaganda do turismo na Ilha, fez com que eu me embrenhasse um pouco mais no assunto. Conheci mecânicos que fazem as peças de reposição para carros dos anos 1950 e funileiros tão capazes de fazer mágica nas latarias. A necessidade é a mãe das invenções.

Há uma legislação especial para proteger esses carros antigos: não é permitida qualquer exportação, por exemplo. Alguns modelos chegam a valer até cem mil dólares.

Desde a primeira vez que pude andar num deles, na saída do aeroporto rumo ao hotel, abismada, sabia que estava prestes a me conectar a um outro mundo. Mas nem suspeitava que minhas retinas já tinham memórias desse lugar para o qual minha bússola interna sempre me faria voltar.

Com a biografia do Che que eu tinha acabado de ler ainda fresca na memória, estava eufórica por poder visitar lugares que tinham a ver com ele e a vida revolucionária. A fixação andava tão severa que meu primeiro e único cachorro da vida, um boxer tigrado, foi batizado Ernesto. Assim, minha maior gana era ver e descobrir na Ilha o que pudesse sobre o meu herói favorito. E mais nada.

Bagagem no porta-malas, estava louca para chegar ao hotel a fim de sair, curiosa, ao encontro de tudo relacionado ao imponente personagem que, com sua boina, farda e olhar característicos, sacrificou-se por um ideal até ganhar espaço no imaginário da América Latina. E me puxar para a História de Cuba e da minha própria revolução.

FEIRA INTERNACIONAL DO LIVRO

Meu barato era outro: queria saber de revolução

Sempre acho que a minha vida tem coincidências demais para serem coincidências.

Muito cedo, na minha adolescência, Cuba passou a ser um destino que eu perseguia conhecer, motivada pelos livros de História. Fazendo essas leituras, passei a ficar aficionada e criei predileção por esse tipo de assunto. Certo dia, meio do nada, uma amiga me interpelou: "Você não conhece o Che Guevara?". Não, não conhecia "o tal Che", assim mesmo, com o artigo definido tão entonado pela Luciana, indicando que aquele substantivo masculino "Che" devia ser realmente importante e eu estava muito por fora.

Não sei de onde a Luciana conhecia o personagem. Nem perguntei. Na hora, pensei estar desculpada por nunca ter ouvido falar do Che pelo escusável motivo de que era mais nova que ela e, portanto, ainda não tinha tido essa aula de História. Simples. Eu gostava de andar com amigas mais velhas por isso mesmo. Por elas, eu sabia antecipadamente muita coisa. E muitas coisas eram realmente bem interessantes de saber antes.

Eu também não soube nem onde ela arrumou, mas Luciana me apareceu no dia seguinte com um livro. Na capa, o rosto do homem mais bonito que eu já vira na minha então vexada vida adolescente. Fui sugada pelo olhar daquela foto. Dentro, meu ideal romântico: ele escrevia cartas de amor aos filhos e a uma esposa enquanto lutava na selva para fazer uma tal revolução. Eu não sabia muito bem o que era uma revolução, e a única de que ouvira falar, a de 1964, ensinada na escola depois de cantar o hino nacional no pátio, minha mãe dizia que era uma grande merda.

Mas se aquele homem era um revolucionário, o único que eu tomara conhecimento da existência até então, eu precisava saber mais. Lembro de ler aquele livro com tanto sentimento que até chorava com a mera leitura das cartas que ele escrevia aos filhos de algum lugar remoto.

A vida de uma adolescente no final dos anos 1980 não deixava muito tempo para leituras. Fora da escola, tinha muito bailinho de garagem para ir, e nem havia tantos livros à disposição. A não ser os da gloriosa coleção Vagalume, disponíveis na biblioteca da escola, que já tinham sido devorados. Mas aquele livro do Che passou a ser lido e relido por mim, com um apego que eu não sentira por nenhum outro. Me abriu uma janela. Pulei dentro. Pesquisei e descobri que ele havia feito uma Revolução há mais de trinta anos, bem longe dali do meu mundinho, num país com um nome estranho que me parecia mais uma marca de refrigerante: Cuba.

Naqueles dias em que a Luciana me deu o livro, ela me convidou para ir junto, nós duas e mais dois amigos, pichar uns muros. Claro que a contravenção me atraiu. Topei. Seria uma homenagem a um tal de Alex Vallauri, morto há uns poucos dias e que estava sendo muito falado porque ficara conhecido por fazer um montão de pichações Diretas Já nas ruas de São Paulo. Não sabia quem era Vallauri, nem que ele era etíope, mas sabia o que eram Diretas Já. Uns tempos antes, tinha visto minha mãe chorar na frente da TV assistindo aos políticos negarem o direito de votar para presidente pela primeira vez na vida. Ela queria votar no Tancredo.

E fomos. Completamente inebriada pela leitura, quase coloquei nosso pequeno grupo de vândalos em risco. Cada um de nós quatro tinha direito a pichar alguma coisa. E a minha "alguma coisa" era grande — "Se tu tremes de indignação diante de uma injustiça, então somos companheiros"—, mas tão grande que, quando a polícia já chegava no quarteirão de cima, eu ainda estava na vírgula.

Quase! Por muito pouco! Quando a luz do giroflex bateu na latinha do *spray* refletindo a encrenca, me virei e beijei o Fernando. Foi tipo cena de filme mesmo. Era uma noite fria, de junho, e nossos casacos largos camuflavam bem as latinhas enquanto fingíamos o amasso não combinado, mas bem a calhar. Fernando morava na casa em frente ao muro imenso da indústria York, onde minha mãe era operária, e que acabávamos de pichar. A polícia foi passando devagarinho, sem desconfiar que aquele casalzinho que se amassava ali de olhos abertos estava, um segundo antes, cometendo o primeiro crime da noite. E que, relevados, iam piorar no *iter criminis**. Invadimos a madrugada, os quatro, roubando placas de trânsito para decorar as paredes dos nossos quartos.

Por muitos anos passei na frente daquela pichação e ri sozinha, saudosa da minha curtíssima temporada de vandalismo. O Fernando progrediu. Soube depois que se especializou em fugir da polícia, saltando de viadutos. Minha única pichação na vida foi um poema político, salva por um ato quase libidinoso, ambos bem revolucionários para o padrão vigente de uma garota de 13 anos.

Meu barato era outro: queria saber de revolução. Uma ilha, uns homens barbudos e umas músicas políticas eram tudo que eu tinha em mente. E passei a alimentar o desejo: "Um dia, ainda vou pra Cuba!".

No meu aniversário de 25 anos — num acesso que só hoje, depois de tratada, sei que devia ser um prenúncio de certo grau de bipolaridade —, chamei meus amigos para comemorarem comigo a data no café da manhã servido das 8 às 11h. Café da manhã de aniversário? Sim, e explicava, vaidosa, que era porque viajaria para Cuba no mesmo dia, saindo à tarde para o aeroporto.

O Leonardo, um amigo bem louco da época — ativista de defesa das águas, ligado ao Partido Verde —, ficou incrédulo da minha partida. Ele era um desatinado de parar estradas com protestos para chamar a atenção em favor da necessidade de políticas públicas para preservação das águas. Parava a BR desde Santa Ca-

---

* *Iter criminis* é uma expressão em latim que significa "caminho do crime", e descreve as etapas que um delito percorre desde sua concepção até a conclusão. São elas: cogitação (pensar o crime), preparação (se organizar para cometê-lo), execução (colocá-lo em prática) e consumação (execução completa).

tarina até São Paulo. Dava até no *Jornal Nacional*. Eu via aquilo e na época, totalmente ocupada com o meu próprio sustento, achava tudo uma imensa perda de tempo. Uma bobagem, porque aquela confusão que ele armava não resolvia nada. Eu não acreditava em mobilização popular. Para mim, ele era um doido porque carregava uma espécie de coragem que eu não compreendia. Mas, ao menos, não era bipolar a ponto de, em um pico de euforia, marcar uma viagem para Cuba de um dia para outro. Como eu acabara de fazer.

Eu não sabia, mas Leonardo era um cara muito bem relacionado. Foi ele que, sem me dizer nada, fez contato com o Tilden Santiago, embaixador do Brasil em Cuba à época, o que me rendeu o carro da Embaixada à minha espera no aeroporto, no dia seguinte, quando cheguei em Havana pela primeira vez na vida. Leonardo era uma pessoa dona de muitos contatos importantes, mas sua simplicidade não dava pistas disso. Naquele tempo, não havia internet rápida, tal qual conhecemos hoje, com essa imediaticidade que também nos escraviza um monte. Sei que foi ele quem se deu ao trabalho de fazer uma ligação internacional para o então embaixador e, este, para atender o amigo, se dispôs a fazer a gentileza. Todo o mistério do carro se esclareceu: fora mimo de um amigo. Essas conexões que só acontecem mesmo porque as coisas estavam escritas para acontecer. Ou eu tinha que reencontrar pessoas e conhecer seus rostos, sei lá.

A coincidência das coincidências foi a data: exatamente o dia da abertura do tradicional maior evento cultural de Cuba, e o Brasil era o país convidado. A 14ª Feira Internacional do Livro de Havana iria receber as mais importantes personalidades brasileiras, tudo com muita festa, exposições, shows, palestras, cinema. Chico Buarque era o tema de uma exposição gigante e Oscar Niemeyer, comunista de respeito, o brasileiro homenageado.

O ano é 2005.

A economia no Brasil bombando, e só por isso eu tinha condições financeiras de uma viagem ao Caribe. Dólar baixinho, FMI dominado. O ministro da Cultura era o Gilberto Gil e o Brasil era admirado no mundo todo, fato visível pelos jornais estrangeiros. Sem saber, sem planejar, eu estava no meio do maior evento anual da Ilha e ainda com o meu país sendo pomposamente celebrado.

San Carlos de La Cabaña é uma fortaleza do século XVIII que fica bem na entrada da baía de Havana. A maior das Américas. Para mim, o significado da minha curiosidade estava no fato de ter servido como escritório do Che durante sua permanência no cargo de ministro da Economia da Cuba revolucionária. Era um lugar do meu estrito interesse, por esse motivo e só.

Desci do táxi, com o motorista já tendo me advertido de que o lugar estava cheio por causa do evento dos *brasileños*. Um verde-amarelo em profusão tomava conta até onde a vista alcançasse. Na entrada, de cara, o lugar que era o escritório do Che estava fechado por causa do tamanho grandioso do evento, e o meu primeiro sentimento, ali, pega de surpresa, foi o de uma imensíssima decepção.

Se fosse em qualquer outro lugar do mundo, por certo me sentiria patrioticamente lisonjeada com a surpresa verde e amarela. Mas, ali, não queria saber nada de Brasil. Estava ali para me embevecer de Cuba. E do Che.

Era tanta juventude fazendo algazarra, feliz, e eu, parada, completamente aborrecida de dar com a cara na porta do lugar, transformado em museu, que fora o escritório do homem dos meus sonhos. Havia lido naquele velho livro que a Luciana tinha me dado, mais de vinte anos antes, que era ali naquele lugar que eu ia poder ver a mesa em que ele trabalhara, a máquina de escrever, a câmera fotográfica, as cartas originais e um montão de fotos inéditas. Haveria também outros pertences, como um cachimbo, que ele teria usado na selva da *Sierra Maestra*, enquanto chacoalhava o mundo com uma retórica e uma ação revolucionárias, atuando ao mesmo tempo como médico e comandante. A minha expectativa era gigante.

Putíssima, dou uma olhada ao redor e vão passando por mim o Zé Dirceu, o Gil, o Tarso Genro, o Frei Betto, o Chico Alencar, o Turíbio Santos, o Fernando Morais, uma turma conhecida porque eu os via na televisão. Estavam todo dia no *Jornal Nacional*. Me perguntava o que aquele povo estava fazendo ali, estragando totalmente a minha parada de estar o mais perto da memória do Che que poderia estar nessa vida. Minha chance única.

Brotava brasileiro falando português por todo canto, e até isso me contrariava. Eram celebridades, mas eu não estava na *vibe* de tietar ninguém. Nunca fui dessas. E, nesse caso, os famosos estavam estragando irremediavelmente a minha viagem, sobretudo porque o tempo de permanência em Havana era pequeno. O roteiro tinha as praias de Cayo Largo também. Afinal, estava em Cuba para conhecer e desfrutar coisas de Cuba. Além do mais, tinha saído do Brasil para o meu encontro marcado com o Che dos livros e, como num deboche dos meus planos, só tinha verde-amarelo por todo canto. E, desastre dos desastres, só se escutava um tchum-baracundum bem no estilo brasileiro: ensurdecedor.

EM CAYO LARGO COM O RICHARD GERE

Na verdade, era um James Bond tropical

Mal respirei Havana. Incrédula e completamente frustrada de ver fechado o lugar que pensava ser o único capaz de me conectar ao Che dos livros que eu lera, o roteiro da minha primeira vez em Cuba tinha, no segundo dia, um passeio fora: Cayo Largo. Essa ilhota era a vedete de toda propaganda do turismo de praia naquela época. Distante apenas 170 quilômetros da capital, até hoje só se chega lá de avião.

Fevereiro é inverno em Cuba. Embora a temperatura em todo o Caribe seja sempre agradável, nessa época, de madrugadinha, pode soprar um vento gelado. Eu não sabia. Quatro horas da manhã estava a postos, com a bolsinha de praia no ombro para seguir com o *transfer* do hotel até o aeroporto.

Com frio, e sem ter com que me aquecer, eu era dessas que acreditavam em presságios. Ficava tentando ler sinais do universo a me dar dicas para não fazer aquilo que não estava a fim de fazer. Minha mãe chamava essa minha mania de conveniência. Quando ela me mandava ir ao mercado comprar qualquer coisa e eu não estava a fim, quebrava um copo na cozinha e mandava o lero de que era um presságio para não ir; e se o copo estivesse avisando que seria atropelada, por exemplo? E se aquele ventinho gelado estivesse prenunciando que o avião ia cair comigo? Cresci, só que eu mesma passei a acreditar nas minhas próprias embromações.

Na pista do aeroporto, já me punha mais que certa de que o frio inoportuno era uma senha. O avião era tão antigo quanto os carros que circulavam por toda a Havana, com o diferencial atemorizante de que aquele monstro soviético precisava voar. Eu não sabia nada sobre a obsolescência enfiada goela abaixo da gente pelo capitalismo, e tampouco o quanto os produtos soviéticos eram feitos para durar.

Como dar meia-volta-volver da pista não era uma opção, me deixei ir. Pouco mais de trinta minutos depois, com uns chacoalhões arrepiantes pelo meio, aterrissamos, ilesos, no aeroporto internacional Vilo Acuña. Para minha surpresa, o aeroporto tinha aviões enormes estacionados. O comissário cubano me explicou que eram canadenses fazendo voos *charter* para a ilhota. A uma distância de apenas três horas de Cuba, onde o clima é sempre ótimo, os canadenses lotavam aviões para fugir do frio congelante lá de cima.

Vencidos os trâmites da descida, inclusive com mais uma verificação de passaportes, o passo seguinte era tomar uma lancha rumo ao dia que amanhecia. Eu levaria anos para sacar que seria ali, depois do meu medão do avião, já filtrado nos primeiros raios, que o meu dia iria começar de verdade.

No ancoradouro digno de fotografia para propaganda, o que me espanta é a pinta do capitão que pega forte a minha mão, auxiliando na travessia do deck à proa da embarcação. Era o irmão gêmeo do Richard Gere. Só podia ser. Não fosse pelo espanhol ligeiro que falava, diria que era o próprio, com aqueles sorridentes olhos apertados e os mesmos cabelos ligeiramente grisalhos, iguais aos do cartaz do último filme.

Com todos a bordo, o capitão se aproveita da mudez inaugural pela manhã de qualquer pequeno grupo turístico e anuncia que a nossa primeira parada seria dali a pouco minutos para caminharmos na Ilha das Iguanas. Com o vento forte agora batendo na cara, não podia acreditar em algo mais fora dos meus planos do que aquela primeira parada anunciada. Comecei a pensar que era para ter confiado mais no presságio do vento gelado na porta do hotel e permanecido em Havana, em vez de embarcar na propaganda da aventura.

Morro de medo de bicho esquisito. Para mim, tirando cão e gato, que é quase gente, o resto da bicharada procuro manter bem longe. A timidez inicial do grupo foi cedendo a vez à empolgação da visita ao tal lugar exclusivo, enquanto, ao contrário, o meu suplício é que estávamos descendo bem no meio da ilha que é literalmente forrada de iguanas gigantes, uns bichos bem bizarros com aparência de pequenos dinossauros.

Se não gosto de iguana que "malemá" tinha visto no Brasil, pequena e de estimação, imagina o meu pavor ao ter que circular ali no habitat natural daquelas criaturas, para mim, medonhas. Num arremedo, pensei que o meu Richard Gere tinha que fazer alguma coisa e me salvar. E olhe bem que não precisava ser nem de imediato, nem exatamente me franquear as butiques de Los Angeles... Bater em retirada dali passou a ser meu plano de vida ou morte. Só que, sem querer passar de chatosa para o artista, tratei de segurar a minha onda, escapando sozinha para subir de volta à lancha com aquela sensação errática de o-que-eu-estou--fazendo-aqui. Sem o Richard Gere a galopar num cavalo branco para me salvar, salvei meu dia sozinha mesmo. E seguiu o barco.

No almoço, comi lagosta pela primeira vez na vida. Coisa fina, de filme, com o Richard Gere pescando o bicho e o preparando ali, na insuperável cozinha da lancha, com direito a vinho branco e tudo. Eu estava literalmente no paraíso. E o tal são Pedro, que dizem ser o chaveiro do céu, tinha-se transmutado num bem mais aproveitável cozinheiro. E isso era muita coisa.

Playa Sirena tem uma água inacreditavelmente límpida, areia branquíssima. É a fotografia perfeita, dessas de propaganda do paraíso, com sombra, mar calmo e, no lugar da água fresca, a insubstituível *piña colada*. As estrangeiras por ali fazendo *topless* com tanta naturalidade que entrei na onda. Me fotografei *a la vontê* na minha estreia burguesa em território comunista para mostrar em casa, na volta.

Aquariana que sou, no meio da tarde eu e o Richard Gere já éramos amigos desde criancinhas. Sob aquele céu violentamente azul, à parte do grupo, nos demos a rir juntos, afinados no idioma universal de que somente são capazes as almas que já se relacionaram no passado remoto.

Contei-lhe sobre meu fascínio pela história do seu país. Já lamentando o fato de ter apenas dez dias para ficar em Havana, iria embora exatamente quando estaria por certo mais ambientada com o mapa da cidade e a oferta de amizade das pessoas. Meus presságios da manhã tinham sido mais um blefe que minha cabeça cria quando vazia, principalmente se a experiência envolve minha pouca familiaridade com mar e barcos. Minha caipirice do interior, lugar de terra fecunda e vermelha, não me deixava à vontade naquele cenário de imensidão de água azul e areia branquíssima, mas eu sabia que ia sentir saudade.

Na sequência da quarta *piña colada* que me põe às mãos, um pouco confusamente ele começa a me contar uma história. Antes, quis saber se no Brasil eu assistia à CNN dos Estados Unidos. Disse-lhe que não. Percebi até um desfranzido na sua testa. Ficou mais à vontade e as mãos foram ganhando um ritmo tão mais alucinante, tão mais inverossímil. Desandou a revelar-me a aventura que tinha sido a sua vida até conseguir chegar ali, reles capitão, naquele 19 de fevereiro de 2005. Coisa mesmo que parecia roteiro de filme, digna de livro, depois vim a saber.

Só fui compreender sua preocupação com o meu virtual acesso à CNN quase seis anos depois, quando às minhas mãos chegou um presente de Natal. Era o livro *Os Últimos Soldados da Guerra Fria*. Com a voracidade de quem precisa confirmar por escrito o que achou fantasioso demais quando escutado, página a página, fui ligando os pontos. Precisamente a página 277 trazia o motivo do receio do meu artista de ser reconhecido. Entendi, enfim, ele ter se sentido mal julgado antes por outras estrangeiras assíduas da TV americana.

No livro, o jornalista Fernando Morais conta que naqueles mesmos dias, enquanto rolava a Feira do Livro tendo o Brasil como país homenageado, observou uma grande movimentação pela liberdade de cinco agentes secretos presos nos Estados Unidos e começou a escarafunchar a história.

Em quatrocentas páginas, relata a façanha dos cubanos que se passaram por desertores e se infiltraram nas organizações radicais anticastristas da Flórida, patrocinadoras de dezenas de mercenários muito bem pagos para tocar o terror em Cuba. A ordem era explodir bombas nas recepções dos melhores hotéis, interferir nas transmissões da torre de controle do aeroporto de Havana, jogar praga nas plantações de tabaco, explodir aviões e, mais corriqueiro, invadir o espaço aéreo cubano com pequenos aviões para jogar propaganda contra o governo, entre outras ações terroristas. A que mais estava virando rotina era o ataque a rajadas de metralhadora contra turistas estrangeiros em férias nas areias das praias mais famosas. Os mercenários partiam de lancha de Key West, se aproximavam das praias e metiam rajadas.

Era os anos 1990, e Cuba se voltava para o turismo como forma de amenizar a crise econômica em que se encontrava, efeito do então insondável fim da União Soviética. Ao se abrir para o turismo, a Ilha conseguia respirar, e isso não podia ser tolerado. O objetivo do grupo de doze homens, denominado Rede Vespa, era reunir informações para conseguir que Cuba se antecipasse e os detivesse.

Em 1998, a casa caiu. Menos para o Richard Gere, que fugiu de Miami para Havana momentos antes de todos os envolvidos serem presos pelo FBI. Ele se safou deixando o carro no estacionamento do aeroporto e embarcando num voo regular. Para trás ficaram um casamento de onze anos com uma mulher norte-americana e uma vida insuspeita. Com a revelação da fantástica prisão dos agentes secretos estampada em todos os meios de comunicação dos Estados Unidos, foi entrevistado ao desembarcar em Cuba e sua fala virou motivo de riso.

Da engenhosa história que escutei sentada naquela praia azulíssima, o então ex-major das Forças Armadas de Cuba, com atuações de piloto de combate, espião e aspirante a escritor, só ocultou mesmo o que a CNN mostrou: a entrevista que deixou possessa a sua esposa *yuma**. Indagado sobre o que iria fazer falta em Cuba em comparação com a vida que levava nos Estados Unidos, incluído aí o casamento de onze anos com uma mulher da alta sociedade de Miami, respondeu sem rodeios que sentiria falta apenas do seu jipe Cherokee verde-oliva. Essa declaração lhe custou o ódio eterno da mulher e um processo milionário dela contra o governo cubano.

Esta cena da CNN é marcante também no filme *Wasp Network: Rede de espiões*. O livro, no qual o filme foi baseado, vendeu horrores no Brasil, foi traduzido em outros países e revelou ao mundo mais um capítulo da história extraordinária da inteligência cubana. O meu Richard Gere, na verdade, era um James Bond tropical.

Dessa história em diante, nunca mais pensei em presságios bobos nas minhas viagens. Mas também nunca mais encontrei o personagem histórico. Faz anos, penso que estamos sob o mesmo céu e só esse fato já deveria nos conectar, mas estamos ocupados demais gastando nosso tempo nos desencontrando. De lá para cá, calibrei minha antena para captar melhor, modulando o meu tempo para ouvir as histórias das pessoas. Aprendi que todo mundo

---

* *Yuma* é uma gíria usada pelos cubanos para se referir aos Estados Unidos ou aos estadunidenses, e por extensão, a estrangeiros no geral. Pode ser empregada de forma amigável, mas dependendo do contexto e da entonação pode ter uma conotação crítica ou irônica.

pode ter vivido uma façanha literalmente incrível que pode me contar. Penso que, se tivesse dado mais crédito ao Bond cubano, talvez pudéssemos ter dançado naquela mesma noite ao som de *Nobody does it better* em vez de eu querer voltar logo para Havana, iludida pelo Che que não estava lá.

PAISAGENS DE FOLHINHAS

Minha alma é desejosa de reconhecer as almas com que talvez eu tenha me relacionado em outras vidas

Se fosse possível recortar acontecimentos-chave da infância, aqueles com poder de nos moldar, instigar buscas depois de adultos e projetar sonhos, eu tenho um, em particular, que emolduraria para pendurar na minha melhor parede. Demorei a perceber que estava nesse singelo acontecimento a conexão que me faria desembarcar em Cuba tantas vezes, sempre guiada por uma vontade quase sobrenatural.

Foi em uma tarde qualquer.

Tão qualquer que a lembrança, acinzentada pelo tempo, só vem à mente quando puxo a gavetinha da memória em que restaram uns reluzentes pedacinhos de vida transcorridos com preguiça junto da minha avó Maria.

Eu tinha lá meus nove anos repletos de xeretices. Ela, minha vítima preferida, encarnava uma incansável enciclopédia, particular e falada. Praticamente, uma Alexa, só que de carne e osso. E amor.

Na janela que ela dizia ser meu poleiro, assistindo a meu silêncio debruçado ao seu lado, permeado de incredulidade com aquelas pessoas que passavam na estrada à frente, visivelmente rumo a lugar nenhum, andando com nada além de um saco surrado às costas, mãos abanando, apenas mirando a estrada que daria na próxima cidade, me disse: "São almas vagueantes".

Saíam assim pelo mundo porque tinham nascido com a vontade de encontrar pessoas que conheceram numa outra existência e, nesta vida, nasceram em algum lugar muito longe. Essa explicação me impressionou, mas já eram mais de 16h e passava da hora da minha tarefa de todos os dias, que era buscar pão na mercearia para o café da tarde.

Naquela época, era costume — uma espécie de ação de marketing — o comércio distribuir ao fim de cada ano as disputadas "folhinhas". Todo mundo queria levar uma para casa. Eram calendários cujos meses adornados por belas fotos eram destacáveis e que a gente, literalmente, pregava em lugar de destaque, em alguma parede da casa, porque era de consulta recorrente.

As melhores casas de cada ramo faziam suas folhinhas com um cabeçalho com nome, endereço e telefone do estabelecimento, caprichando na escolha dos temas. Tinha de tudo: gatinhos, patinhos, cachorrinhos, casinhas perdidas, árvores floridas, cachoeiras, paisagens bucólicas; para as borracharias, a Pirelli distribuía calendários com fotos de mulheres carnudas e sensuais. A ideia era que as "folhinhas" se traduzissem em significativos brindes de fim de ano, oferecidos pelo estabelecimento aos seus clientes para, assim, coroar o estilo "obrigada pela preferência, volte sempre". Em cada uma que era oferecida se levava para casa o desejo de "boas festas" e a gente saía feliz, com uma descuidada esperança.

Na casa da minha avó, ano após ano, o lugar delas era a parede ao lado da geladeira. E, como eu era a compradora oficial de pão da casa, era muito natural que fosse a primeira a ser agraciada com o mimo do dono da mercearia assim que a tal ação de marketing começava lá pelo mês de novembro, já anunciando a virada.

Dada a antecedência, a assiduidade e talvez a minha simpatia com os mais vividos, o velho Muçurana saía do balcão e espalhava os pacotes, me deixando escolher duas — uma para minha casa e outra para minha avó.

Na dúvida sobre qual "consultaria" mais, se a da casa da minha avó (onde passava a maior parte do tempo enquanto minha mãe trabalhava) ou a da minha, quis garantir que, em qualquer dos dois lugares, poderia olhar aquelas fotos a hora que desse na telha. Enquanto ele buscava o troco, escolhi para o ano de 1983, então, as duas iguais. Era tanta beleza contida naquelas paisagens que confio até hoje ter sido o bater dos meus olhos nelas o que conferiu em mim a nidação do que acabara de aprender com a minha avó ter o nome "alma".

De cara com janeiro, estarreci: duas gigantescas pedras verdes, uma maior e outra menor, flutuavam naquele mar azul; meus olhos chegavam, depois, num tapete de areia branca. No cantinho, um barco de madeira com amarrações de fitas coloridas voando ao vento. Naquela paisagem, só faltava uma coisa: eu, mulher crescida, vestido branco, cabelo esvoaçante.

Pulei para fevereiro, mês do meu aniversário — por isso, digno do grau máximo da minha curiosidade —, e penetrei num sol cor de laranja que desce no meio de outro mar; desta vez, um mar azul-escuro refletindo uma trilha amarela, luminosa, de ondinhas calmas até onde triunfa, em primeiro plano, de fora a fora, uma muralha tomando conta dos quarenta centímetros de largura do presente mais estupendo de todo fim de ano. De repente meu peito estufou, requerendo o devido espaço para a bússola interna que acabara de ser acionada.

A partir das amostras de janeiro e fevereiro, já sabia que aqueles lugares — que existiam de verdade: eram fotos, e não desenhos — ficavam muito distantes mesmo da minha rua Marechal Deodoro, onde eu pulava amarelinha na calçada. Acho que, como ainda não sabia que o mar existia, não tinha ideia de suas muitas cores.

De volta para casa, amassando o pão embaixo do braço, com as mãos ocupadas a virar março, abril, maio, junho e julho, meu Deus, santa pressa infantil, tinha que chegar logo para saber agosto, setembro, outubro e novembro e, só com a paz típica que o fim das coisas todas pode oferecer, conhecer dezembro. Cheguei convicta do meu acerto em trazer duas folhinhas iguais, pois nunca mais me afastaria daquelas paisagens e poderia olhar para elas estando na casa da minha avó ou na minha própria, os dois eixos da minha existência tão sem cores.

A rua da nossa casa era uma espécie de rota única para quem passava com destino à cidade vizinha para dali ganhar o mundo.

Eu calculava que não tinha como ganhar o mundo sem passar ali, na minha frente, e fingia que era uma policial dando livre passe da minha fronteira imaginária, mantendo num caderninho os nomes que inventava para aqueles passantes com ar de quem nunca mais ia voltar porque nem mesmo olhavam pra trás. Só passavam.

Minha avó dizia que eram "ligeiras", andarilhos, pobres coitados sem família, sem nada. Eu não sabia o que era um "sem nada". Muitas vezes, enquanto rolava a *Sessão da Tarde* na TV da sala, eu passava o tempo admirando aquelas folhinhas espalhadas no chão da área que dava pra rua, observando — com minha avó ao lado — as pessoas que seguiam a pé rua acima, rumo à cidade vizinha.

No conforto do meu mirante particular, só via vantagem de aquelas pessoas estarem viajando assim, como andarilhas, se fosse para chegar num daqueles pontos da minha folhinha, ainda que em agosto, mês com a imagem mais chata, ou mais assustadora, não sei, um amontoado de prédios altíssimos, cheios de janelas iluminadas e muitos, muitos carros amarelos de táxi. Só no mês de setembro tinha uma imagem com gente: uma grande armação de ferro, cor ocre, formando uma torre que parecia gigante. Na base, um jardim imenso, com um casal se olhando, trocando carinho no rosto.

A minha imaginação se limitava a dar nomes e destinos que eu escolhia conforme recordava da singela brincadeira de "Stop" no caderno da escola, de modo que no meu controle de fronteira estava passando o senhor Marcelo, com destino à cidade de Madri, para buscar um macaco para sua filha enquanto comia maçã e fumava Marlboro.

Eu não podia compreender, conforme minha avó falava, o desejo que aqueles passantes tinham de ir longe encontrar outras pessoas. E, ainda por cima, ela dizia que essas pessoas não conheciam o rosto umas das outras. Nesta vida, elas tinham vindo diferentes da vida passada. Minha avó falava de uma coisa chamada alma. Uma coisa que não morria nunca. Nem depois da morte.

Ela dizia que essas almas tinham vindo a esta vida com muito desassossego. Que sentiam um desejo sem medida de ter uma segunda chance de rever uma ou mais pessoas com quem se relacionaram em outras vidas. Mas que, desta vez, Deus — um sujeito muito velho e de barba longa, branca, e para quem, estranhamente, eu via que ela ajoelhava para rezar — tinha feito nascerem distantes. E que, ainda que os rostos não se recordassem, as almas podiam se reconhecer.

Era aí que a mágica acontecia.

Então quer dizer que as pessoas se esbarravam, se cumprimentavam; sorriam uma à outra e, se as almas se reconhecessem, ficava selado que já podiam matar de parte a parte suas saudades remotas.

De maneira muito profunda, guardei a ideia de minha avó sobre a natureza dos sujeitos errantes. Foi tal uma epifania.

A chance de rever pessoas que nasceram longe de mim, mas das quais de alguma forma devo ter sido próxima em outras vidas, me encantou. Desde lá, trago o motivo da minha irremediável vontade de viajar. Adulta, continuo impelida por algo que me chama, me desassossega e me move, como me puxando para esses tentadores encontros quase extranaturais.

Mais de duas décadas depois daquela revelação da minha avó, um encontro com Emília — mãe de Teresa — viria a reforçar minha impressão de menina. Em um domingo, depois de passearmos por Havana Velha, nos sentamos em frente à Igreja de São Francisco, e, por acaso, ela se pôs a complementar com doçura o que minha avó havia me revelado, mas pouco compreendi. Emília repetia-me ali, enquanto contemplava as flores recém-compradas pelo neto Javier, que essa vontade natural de viajar é porque, ainda que não possamos recordar pelos rostos, as almas se procuram.

Com alguma sorte se esbarram, elegem-se, exorcizam o passado, sorriem uma para outra, os santos batem, e se ligam novamente. É uma espécie de presença confortável, como se já se conhecessem a vida inteira. O conforto da presença-reconhecimento vira diversão, os sorrisos saem fácil e a leveza toma conta. Se ligam novamente. Com o tempo fui notando que o outro nome disso é amizade.

Se rostos desconhecidos não faziam sentido algum para mim, aqueles lugares da folhinha, sim, ocupavam meus dias inúteis, e por um bom tempo troquei a explicação da minha avó a fim de facilitar meus planos. Não iria sair sem rumo à procura de pessoas. Então, quando crescesse, ia sair em busca de lugares onde já pudesse ter estado. Lugares aos quais, nesta vida, tinha que voltar, se é que existia o negócio das tais vidas passadas.

Se crescer era a condição para "voltar" àqueles lugares das folhinhas, eu ia me dando conta disso ao mesmo tempo que colecionava cada um dos meses que eram destacados, ano após ano. Enquanto as meninas da minha escola colecionavam papéis de carta que não serviam para nada porque ninguém escrevia para ninguém, eu colecionava aspirações de viagem.

A minha coleção de meses com lugares do planeta que ainda não sabia que chamavam Tailândia, Malecón de Havana, Nova York e Paris servia para listar em ordem dos mais atraentes os lugares que conheceria primeiro. Com ou sem almas para serem reconhecidas nessas andanças. Por sorte, as reconheci e ainda reconheço. E viajar esse mundão começou a ser, para mim, a expressão de um desejo atávico, crença de que esse meu ímpeto de estar em lugares diversos da minha casa é a única explicação que encontro, dando razão à minha avó: minha alma é desejosa de reconhecer as almas com que talvez eu tenha me relacionado em outras vidas.

Botei tanta fé nisso desde pequena que ao desembarcar em Cuba, no mesmo mês de fevereiro anunciado pela minha folhinha de 1983, vinte e dois anos depois, em 2005, os sorrisos que reconheci naquele lugar me situaram para sempre: definitivamente, queria poder viver mais tempo ali. Estando mais envolvida com os sorrisos encontrados do que atraída pelo sol cor de laranja descendo à esquerda do mar, fazendo bater em mim o reflexo luminoso que vem junto das ondinhas calmas até morrerem na muralha, em minha primeira vez na talvez Havana de uma vida remota, não me dei conta exatamente de que estava na folhinha do fevereiro da minha infância, tampouco dos significados daquela paisagem.

COMO ASSIM, NÃO VIU O MALECÓN?

Sempre preciso voltar a
lugares onde já estive

Tenho um defeito deveras dispendioso para quem deseja pulular por aí a conhecer o mundo: sempre preciso voltar a lugares onde já estive.

Na segunda ou terceira vez que refaço viagens, rotas, colho uma satisfação mais amadurecida. Aproveito melhor. É talvez uma pretensa sensação de pertencimento. Mais calma, sem a ansiedade de estrear e absorver de uma vez a grandiosidade dos lugares. Uma ansiedade típica que não curo desde criança.

Acontece mais ou menos como se a alma transbordasse calma na segunda mirada e conseguisse casar melhor o olhar com os outros sentidos. A primeira vez que pisei em Florença foi assim: meus olhos não enxergaram nada mais nada menos do que a monumental e amarelíssima ponte Vecchio. Nem com todo mundo me dizendo que estivemos nela, atravessando, meus olhos não a capturaram na memória. Voltei uma vez mais, e aí sim a desfrutei. De lá para cá, em dias cinzentos, quando necessito carregar no córtex um amarelo solar para atravessar minhas nuvens particulares, é à minha imagem projetada nela que peço socorro. Fecho os olhos, floresço.

Outra dessa me aconteceu em Sintra. Da vez que fui ao palácio da Pena, acabei passando batido pelo Chalé da Condessa. Na Cidade do México, não avistei a casa de Trótski, uma coisa só perdoável porque à época eu ainda não havia lido *O homem que amava os cachorros,* do Leonardo Padura. E eis que a minha primeira viagem a Cuba seguiu meu padrão particular de não observar pontos tidos, naturalmente, como exclusivos, singulares.

Enredada pela profusão de carros antigos à minha frente, com a cabeça ainda repercutindo a baita confusão envolvendo o chofer e o carro da Embaixada, e completamente ávida pelo encontro com o personagem histórico que perseguia desde os livros, não foi nenhuma surpresa eu fazer entrar para a minha espécie de não lista nada menos que o gigante e magnífico Malecón Habanero.

Foi preciso a sorte de uma viagem à Toscana, ao conhecer uma instalação do artista cubano Carlos Garaicoa, para que o lapso em relação ao Malecón me saltasse. Me atraíram o título da obra, *Yo no quiero ver más a mis vecinos*, e sua grandiosidade estética no descampado, rodeado de vinhedo, a maior joia do lugar batizado Castello di Ama. De cara me senti transportada à Cuba do artista, que eu conhecera pouco tempo antes, aquela mesma onde não prestara atenção no Malecón.

No meio da vila fincada numa colina toscana, entre outras várias instalações, a de Garaicoa é um grito. De repente, do chão, perfilam-se, em pedra, concreto ou ferro, miniaturas dos nove muros que mantiveram ou ainda mantêm a humanidade confinada, de alguma forma, violenta ou tacitamente. Estão interligados, de modo que o visitante pode ver do alto, como um gigante, e caminhar por entre o Muro das Lamentações, o Muro de Berlim, o muro entre o México e os Estados Unidos, a Grande Muralha da China, o muro entre as duas Coreias e, um último, o ultrajante que separa Israel e Palestina, que também compõe o espaço. Todos induzem reflexões. Por quê?

Para mais um vexame a ser creditado à minha não memória, o Malecón sobressai.

A instalação é parte do *Castello di Ama per l'Arte Contemporanea*. No convite do projeto, um chamado a variados artistas do mundo inteiro para passarem um tempo no Castello, inspirarem-se e produzirem suas interferências artísticas no local. Que instalações de arte contemporânea não podem exatamente ser explicadas, todo mundo já sabe, mas aqueles muros identificáveis histórica e geograficamente, brotados daquele chão calcário, cheio de xistos argilosos, pelas mãos de um cubano, tinham a explicação mais prosaica possível: o artista havia chegado ao Castello com uma proposta totalmente diferente de instalação, mas ocorre que, antes de partir de Cuba, ele brigou feio com os próprios vizinhos.

Quem conhece Cuba sabe que vizinho tem status de quase parente. O acontecimento deve ter mudado sua percepção, e a inspiração foi catalisada para a nova obra. O resultado é uma explosão de criatividade, esmero na produção de cada miniatura de muro e, mais importante para mim: a obra tinha grande significado. O artista, de alguma forma oprimido na sua contenda, desejava todos aqueles muros entre ele e seus vizinhos desafetos. Achei graça. Não sou dada a amizades com meus vizinhos, embora more na mesma casa há quase trinta anos. E não posso dizer que não sou uma pessoa sociável, sou aquariana. Mas sempre mantive vizinhos à distância saudável de nossos muros contíguos. Eu o compreendi.

Brincando de pisar no Malecón havanês de Garaicoa, como se eu fosse uma gigante olhando-o de cima, não custou me encantar com sua imagem, réplica em miniatura, mas completamente majestoso ao proteger Havana e, ao mesmo tempo, confiná-la.

É claro que não tenho capacidade para descrever a sensação de desfrutar do Malecón como um havanês, porque não me criei sentada nele chorando uma paixão. Mas, de novo, minha gaveta da memória se abriu.

Só descobri o gigante original que serpenteia por oito quilômetros o limite norte da capital Havana, na glória em que ele se apresenta, por ocasião da minha segunda viagem a Cuba. Planejei voltar com o propósito de seguir trezentos quilômetros para dentro da Ilha, a partir de Havana, e chegar a Santa Clara, cidade do Che.

Hospedada de novo na beira do paredão, foi dessa vez que, vigilante dos preparativos e contatos para a aventuresca jornada ao interior, comecei a me dar conta da magnitude do seu significado para o cubano. Naquela época, eles não podiam entrar nos hotéis com estrangeiros. Era uma medida para coibir o turismo sexual, diziam. Ainda que eu seja mulher e, convenhamos, mulher não seja dada a esse tipo de turismo, a norma em vigor valia para nós também. Então, para fazer rolar a viagem, todas as pessoas com quem eu precisava fazer contato marcavam de me esperar ali do lado do meu hotel, no *Malecón*.

Como eu chegava um pouco antes, sentava observando a calmaria da cena: casais namorando; mulher sozinha olhando o mar com um livro nas mãos; rapaz impaciente esperando alguém; velhos pescando mais adiante; algazarra de adolescentes de olho na polícia. Cenas em câmera lenta.

Enquanto encontro com um, converso com outro, debruçada no paredão, dou de cara com o pôr do sol mais alaranjado que vi na vida. Minha bússola interna apitou: eu me encontrava exatamente no norte da minha infância, precisamente no fevereiro da folhinha de calendário que vinte anos antes me arrebatara, me consumindo no desejo de crescer logo e ter uma mala.

Senti como se todos os meus dias, desde a primeira mirada naquela folhinha, tivessem corrido para me trazer exatamente aonde eu estava. O lugar em que talvez pudesse reconhecer algumas almas com que convivi em vidas remotas, como dizia minha avó. Só que ainda não conhecia seus rostos.

O Malecón virou meu santuário de todas as tardes.

Tornou-se sagrado. Inicio meu caminhar pelo seu calçadão, no túnel, onde começa o bairro do Vedado, e só paro quando alcanço a sombra gigante da primeira praça lá de Havana Velha. Há dias em que o mar quer beijar essa parte da cidade com mais gana e espicha sua disfarçada calmaria azul para além das pedras. Quando a água vem, bate no paredão, transpassa-o. Toda a tranquilidade camuflada do mar jorra para dentro e cai feito cachoeira, molhando e interditando até as pistas do asfalto. É um espetáculo. Na volta, quando o sol ensaia descer, piso o chão já escuro de concreto e musgo. Mas no meu caminhar solene, sobre o sal que ficou e formou pequeninas crostas brilhantes, sinto que quase ando entre estrelas.

O chão do calçadão é de um cinza-escuro, e, nos trechos tomado de musgo, escorregar é uma diversão perigosa. Turistas, volta e meia, vão ao chão. Para o *habanero*, o Malecón é muito mais do que um ponto limítrofe do seu país ou, em especial, uma bela borda para sua venerada Havana. Muitas cidades no mundo têm seu paredão que impõe limite ao mar. Se, para quem é de fora da Ilha, o Malecón parece ser só mais um cartão-postal, para o cubano é o lugar do seu mais profundo e próprio sentimento de pertencimento. É uma sensação de que a própria existência tem seu lugar de conforto.

É comum o turista mais desavisado, meio sem percepção das coisas verdadeiramente grandiosas de um lugar (como eu), demorar um pouco para perceber que aquela "serpente pétrea", como descreve o Padura, é mais, muito mais do que o gigantesco muro que barra o mar. O Malecón faz parte da identidade do cubano.

E, sim, me dei conta: estava na cena da folhinha do mês de fevereiro da minha infância. A calçada de cerca de cinco metros de largura, margeando as seis pistas da avenida, e o muro gigante visto de frente. Por trás dele, o inconfundível pôr do sol alaranjado que desejei com tanta força poder um dia ver ao vivo. E nós estávamos ali. Aquela brisa confirmava: eu consegui. Dei o salto da minha então sem graça infância e vim parar no inconfundível alaranjado que, com todas as minhas forças, ambicionei. O Malecón é meu agora.

Muitos lugares desse mundão, até como peça publicitária das agências de turismo, são vendidos como os mais aprazíveis para praticar o *dolce far niente*. A Itália é campeã, pelo que consta. Ocorre que em nenhum território a vida passa mais devagar do que em Cuba. E o lugar por excelência para exercitar esse insubstituível regalo da vida é o Malecón havanês.

Quando sozinha, debruço-me para o mar, penso na vida, remoo o passado, faço conjecturas, harmonizo os planos já elaborados para o futuro. Quando acompanhada, a dois, abraçamo-nos com a brisa, damos uns amassos, rimos da vida, vislumbramos os próximos passos. Ele me diz que esse lugar é, ao mesmo tempo, "o divã e o maior sofá do mundo".

NA FILA DA COPPELIA

A coisa da comida em Cuba
é confusa para o nosso padrão
pequeno-burguês brasileiro

Fila é um troço que viajante ou turista nem liga muito quando precisa enfrentar. Diferentemente de filas outras, da burocracia do dia a dia, fila em viagem pode virar uma espécie de esquenta. Comigo, funciona assim: dá aquela sensação de que, pronto, encontrei o lugar certo e vou desfrutar daquilo a que me propus: um museu, uma exposição, um espetáculo. Em Cuba, um sorvete. No meu roteiro, tinha que tomar o sorvete da Coppelia, conforme vira no filme *Morango e chocolate*.

Entrei na fila.

Umas meninas me olharam. Sorriram. Minha pinta de estrangeira meio perdida dava a senha: sorriso de volta. Na Coppelia, há uma fila para os cubanos e outra para os turistas. Perdida, me enfiei na menor, e era a dos locais. Em meio minuto, estávamos fazendo mímica e nos compreendendo no idioma universal do riso. Lucía se apresentou e era a mais animada para me enturmar. Anunciou que hoje só tinha sorvete sabor chocolate e que a fila estava muito demorada por ser sábado.

Eu disse que tudo bem porque tinha tempo, já que só à noite teria o compromisso de assistir a um show. Me apresentei: "Malu. *Mucho gusto*". E meu nome lhe abriu um imenso gesto de acolhimento que me abraçou. Malu!!! Malu Mulher, da novela *brasileña*! Rimos. Não era a primeira a me ligar ao personagem da novela brasileira que fez muito sucesso por lá havia pouco tempo.

Fila em Cuba é uma coisa bem diferente hoje em dia. *"El último?"* é a pergunta que se faz quando se chega para *hacer cola*, como eles dizem. O último se apresenta, "aqui", e quem pergunta é que passa a ser então o último. O próximo que chega faz a mesma pergunta e fica sendo então, sucessivamente, o último. Assim, é preciso marcar a fisionomia da última pessoa para não perder a vez.

Mas nos anos 2000, na Coppelia, uma enorme e popular sorveteria bem na principal avenida, a famosa 23, a fila era como nós brasileiros conhecemos, um atrás do outro, porque vai-se servindo e saindo. E Lucía estava na minha frente, oferecendo consultoria de como funcionava a maior sorveteria da América Latina.

Sorvete nas mãos, de chocolate, *por supuesto*, Lucía me convida para ir à sua casa, conhecer sua avó que tinha estado com Che Guevara na Sierra Maestra. Esse nome mágico é sempre capaz de me arrastar, seja para onde for.

Dois ônibus depois — chamado *guagua* em Cuba —, eu estava na casa de Lucía, tomando rum com sua *abuelita*, que me recebeu como se ali estivesse a amiga de infância de sua neta. Ela fumava um charuto muito perfumado e falava ligeiro um monte de coisas que eu não entendia. Pelos risos e abraços, tudo o que compreendia era apenas que era bem-vinda e parecia que, supostamente por ser sábado, podíamos enxugar o rum posto na mesa. Na parede da sala, dois retratos: Fidel, no alto; abaixo, o Che. Eu, no paraíso.

De repente, Lucía deu um grito: "O *pollo*! Cadê o *pollo*?!".

E todos ficamos nos perguntando: "Cadê o frango?!". Lucía tinha conseguido trazer um frango e, num dos vários lugares em que paramos para fazer fotos, ela esqueceu a encomenda da avó. Saímos de volta em disparada pelo mesmo caminho, em busca do frango perdido.

Viramos três ou quatro quadras, Lucía inconformada perguntava a todos os passantes, um a um, se tinham visto um frango. Algumas pessoas perguntavam: "Vivo? Que cor?". Ela respondia, dramática: "*No, no! Muerto, muerto!*". Ao que aquelas pessoas, numa solidariedade que eu não compreendia, passavam a se juntar a nós na caminhada para trás. Eu queria rir daquele drama, mas o sofrimento da minha nova amiga parecia tão autêntico, com as buscas ao frango já reunindo bem umas cinco ou seis pessoas, que achei melhor segurar a onda.

Já andávamos longe, na mesma quadra do ponto em que descemos do ônibus. Passei a mentalizar o jeito de implorar para Lucía, em espanhol, para desistirmos daquilo, afinal era só um frango, quando vejo que surge uma senhora, ziguezagueando também dramaticamente ao encontro do nosso grupo, anunciando, braços no alto da cabeça, o frango perdido. Lucía literalmente se jogou aos pés da senhora, grata.

A coisa da comida em Cuba é confusa para o nosso padrão pequeno-burguês brasileiro, mas muito perfeitamente inteligível quando nos despimos da ignorância de que há milhões de brasileiros miseráveis que passam fome. Incontáveis milhares reviram lixo para comer. Lixo!

Não gosto de cair na armadilha da comparação, mas, ao contrário do Brasil, em Cuba ninguém passa fome. Há pouco, mas há, e para todos.

Com toda a escassez de produtos provocada pelo bloqueio econômico, somada a uma agricultura nacional insuficiente, tem-se uma equação simples que resulta, às vezes, em severo racionamento e, lógico, consequentemente, bastante descontentamento. Ainda assim, não vi pessoas em situação de fome em nenhum canto.

O sistema da *libreta*, que já foi muito superior em quantidade e variedade do que é atualmente, é o nome do *Fome Zero* deles. A diferença é que é permanente e funciona a partir de uma rede de estabelecimentos chamada *bodega*. Cada uma tem uma espécie de registro da sua população, assim, todos que moram na determinada localidade são atendidos por uma bodega estatal e têm direito de comprar, então, alimentos e itens de primeira necessidade a preços verdadeiramente mínimos.

É o arroz, feijão, açúcar, sal, óleo etc. O básico. A população é comunicada dos produtos disponíveis nas bodegas por meio do que eles chamam de *mandados*, mas nem precisaria, porque a "rádio peão" é eficientíssima, via chamadas de telefone fixo, artigo bem barato no país. São essas bodegas que fazem também a distribuição igualitária das doações feitas por governos estrangeiros amigos de Cuba.

Também a preços módicos, são os pães das *panaderías* estatais.

Se estou em Cuba, me considero uma pessoa de sorte, sobretudo com cheiros. De manhã, o aroma do meu café sendo coado combina o passo com o cheiro de pão quentinho saindo do forno. Nessa solenidade da manhã, nenhum casamento é mais perfeito do que café com pão e meu dia começa, assim, afortunado: do meu balcão, no segundo andar, distraio a espera acompanhando de soslaio o movimento da pequena fila logo abaixo.

Há várias *panaderías* assim, do Estado, espalhadas por toda a Havana. Nelas, com a *libreta*, uma pessoa da família praticamente retira seus pães, de acordo com a quantidade de pessoas na casa. Enquanto meu café está sendo passado, observo que chega na fila gente de todo tipo. Uns visivelmente pobres, outros de carro ou motos novas. O estabelecimento do Estado não faz distinção. O pão é para todos. Surpresa é um corintiano. Religiosamente, todos os dias, identifico-o no meio da fila.

Com boné dos Industriales, dono de ombros largos *à la* Denzel Washington e uma bunda caracteristicamente redonda de jogador de beisebol, ele veste todo dia uma camisa diferente do Corinthians. Vixemaria, que não tem como meus olhos passarem batido pela camisa alvinegra da Topper/Cofap, sacralizada pelo Dr. Sócrates, mentor da Democracia Corintiana, o maior e mais lindo movimento da história do futebol brasileiro.

Noutro dia, ele me aparece com a camisa 10 Finta/Kalunga, celebrizada pelos gols de placa do Neto. E assim ele desfila para mim, numa manhã, uma 9 do Ronaldo e noutra me surpreende com a 2 do Zé Maria, a "camisa sangrenta" da final contra a Ponte Preta, no Paulista de 1979. Na fila, nem a confusão do colorido das gentes me faz perdê-lo de vista se ele aparece com a camisa roxa, minha preferida. Despertar em Havana me traz compensações de bonitezas únicas.

O Estado protege e oferece segurança alimentar. Não há muita variedade, é verdade. Nem abundância. É o arroz e o feijão, básicos. E há os chamados Agros, estatais também que, como se presume pelo nome, vendem legumes e hortaliças, a depender de época, clima e, não raro, furacões.

Claro que a população não vive só desse básico. Há uma rede de estabelecimentos privados também. Quando tento viver como uma cubana que vai às compras de comida, por exemplo, uma das minhas diversões é brincar de acertar quais estabelecimentos são do Estado e quais são particulares.

Na minha concepção, arrisco: esse é do Estado? Ao que o cubano, incrédulo com a minha falta de malícia, responde: *"No, no, tiene um dueño"*. Noutro estabelecimento, vaticino: este é particular! *"No, no, no"*, este é do Estado.

É complexo entender o sistema cubano quando se é brasileira, nascida dentro da glorificação máxima de que tudo que é privatizado é melhor. Confundimos direito com mercadoria. Enquanto direito, a gente pode exigir. Quando privatiza, vira mercadoria. A privatização acaba até com a nossa noção de direito. Virou mercadoria, o fornecedor entrega se quiser, se tiver lucro. Vou aprendendo que comer, estudar e ter médico deveria permanecer direito mesmo.

Meu primeiro porre em Cuba teve Lucía e sua *abuelita* como testemunhas. E, como partícipe, o frango devidamente na panela. Mas o que me inebriou mesmo foi a riqueza daquela convivência por uns dias, interiorizando em mim o quanto é desumana a prática do desperdício de comida a que podemos assistir todos os dias no Brasil, em um desatino tipicamente nacional que nem enxergamos mais.

A SANTA MALA

Ela parecia chegar só para
poder ir embora de novo

Quando criança, queria ser freira.

Deitava no chão da varanda da casa da minha avó, naquelas tardes intermináveis depois da escola, com a *Sessão da Tarde* ao fundo, e me enxergava num hábito de freira. Aquele vestido longo, mangas compridas, passado com esmero e engomadinho; véu branco a cobrir toda a cabeça, sapatinho preto e uma mala na mão. Na minha ilusão infantil, precisaria ser freira quando crescesse porque, ao ter essa profissão, também poderia ser dona de uma mala e viajar o mundo inteiro. Era o que imaginava que as freiras faziam, já que a única que eu conhecia chegava em casa e ia embora com uma mala, e era assim que eu desejava me livrar daquela minha existência pequena e sem graça.

A freira era minha tia, batizada Fátima, mas simplesmente "Fáti" para minha avó, que a trouxe ao mundo, a caçula de seus sete filhos. Ela vinha para casa poucas vezes. Suas férias do convento eram um acontecimento para a nossa vizinhança. Talvez porque ela se dispusesse a fazer caridade: cortava os cabelos das vizinhas, fazia doces e comidas diferentes e, quase todos os dias, ensinava trabalhos manuais dos quais não tenho muita lembrança porque fugia quando percebia que a coisa ia virar paro o meu lado. Crochê, tricô, eu caía fora.

Depois da sua chegada, que era um acontecimento porque a casa toda se enchia e tinha um belo almoço de boas-vindas, o outro evento importante, que me incluía, era comprar vestidos floridos para minha avó. Tinham que ser sempre do mesmo modelo, e, depois que cresci, a incumbência de encontrá-los passou a ser só minha. Sucessão que chama.

Era um ritual. Todas as férias, "Fáti" limpava o baú, dobrava um a um os modelos idênticos. Só mudavam as estampas. Aquele baú tinha uma importância singular para mim porque eu também era dona de uma atribuição exclusiva em relação a ele. Era todo meu o encargo de escolher o vestido mais bonito que minha avó ia vestir nas viagens de excursão para as cidades milagreiras de Aparecida do Norte, Pirapora, Tambaú, Maracaí e outras.

Tendo a mim como companheira, essas excursões de ônibus para assistir à missa nas cidadezinhas de beatos e santos eram o máximo de viagem e turismo que minha avó conhecia e podia pagar na época. Nessas ocasiões, eu avocava para mim a máxima responsabilidade de que podia dar conta: escolhia seu vestido mais bonito para vestir. Interesse que chama.

Recordo o dia em que minha avó ficou impressionada ouvindo minha tia freira revelar que em São Paulo, onde morava, tinha que fazer compras para o convento de Kombi. Num supermercado. Do jeito que minha avó contava depois, parecia que minha tia rodava os corredores do tal supermercado dirigindo e pegando os produtos através da janela da Kombi, de tão gigantesco que era o lugar.

E assim, de história em história que minha tia contava, acrescida da parte de ilusão em cima de ilusão que minha avó aumentava sobre a vida da filha freira, longe de casa, eu ia moldando o meu desejo "profissional" no melhor estilo "o que eu quero ser quando crescer".

Dirigir uma Kombi também estava nos planos.

Raramente eu assistia à sua chegada em casa para essas férias. Quase sempre ela aparecia de manhã, horário em que eu ainda estava na escola. A hora em que chegava, com o almoço para recepcioná-la sendo servido um pouco mais especial do que o de todo dia, antes mesmo de garantir minha coxa do frango, ia primeiro supervisionar se a mala, objeto da minha ilusão de um dia ir-me também, estava no seu lugar de sempre.

Mas era a sua partida o momento mais fascinante para mim.

Ela ia embora no último dia de janeiro, sempre quando faltavam só cinco dias para o meu aniversário. Se eu não me julgasse tão indispensável para os assuntos daquela casa, já que por tudo que fazia ralhavam comigo e, quando me escondia para cuidar das minhas aranhas, ralhavam também, quase ficava triste ao reparar nela a inquietação para as férias terminarem logo e ela poder voltar à vida longe de casa. Fáti parecia chegar só para poder ir embora de novo. Nem ligava se ia um dia antes de eu completar ano. Contudo, meu privilégio era poder assistir ao ritual dela de fazer aquela mala marrom para partir.

Quando levantava a parte de cima, cheia de umas fivelas prateadas, o quarto todo se perfumava. Uma mistura de talco de rosas e um outro cheiro — tão excepcionalmente único que nunca mais fui capaz de senti-lo — tomava conta do lugar. Aquele cheiro inabitual era a denúncia que de onde ela vinha e para onde partiria em horas, era um lugar inimaginavelmente extraordinário, eu suspeitava.

Ainda não sabia quão mágicas eram as estradas que ela cruzaria e me atinha, fascinada, à mala que carregava. Não havia mais do que uma dúzia de roupas, umas toalhinhas delicadas e cheirosas, um *nécessaire* e uns cadernos. Havia também uns lencinhos, suavemente bordados, que eram meu desejo de posse e consumo. Um mais bonitinho do que o outro, e todos exalavam um cheiro de rosas que me entorpecia de desejo de roubar para exibir na escola. Não sei, mas acho que alguma vez devo ter escondido um ou dois embaixo do meu travesseiro, torcendo para ela tê-los esquecido.

E vinha a despedida. Ela, radiante, indo embora. Eu, borocoxô, desolada, querendo crescer logo para ter uma mala, uns lencinhos bordados e perfumados e ser dona daquele cheiro de partir. Me punha desconsolada na varanda, esperando a hora. Aquela despedida me abandonava à minha vidinha sem graça depois da escola, de ainda correr e tropicar pelo bairro, fazer lição e sentir medo quando minha avó dizia que o mundo ia acabar no ano 2000. Pelas minhas contas eu teria 25 anos, mais ou menos a idade da minha tia freira, e talvez não desse tempo para ser dona de uma mala cheirosa.

Essas férias regulares da minha tia acompanharam minha infância toda, e a imagem da sua partida, a cada ano mais definitiva e menos cheirosa que o ano anterior, me causava um misto de admiração e, com o passar do tempo, erroneamente, de pena. Sobretudo porque, mais grandinha, foi-me aclarando que dois dos três votos que uma freira faz para vestir o hábito eu não queria para mim nem morta.

Primeiro, o voto de Pobreza para o resto da vida. Depois tem o outro, o voto de Obediência — inicialmente a uma madre superiora e, em última instância, a um velhinho, vestido de branco, que chamavam Papa. Era, praticamente, a substituição da minha mãe e do meu pai, respectivamente, só que com a obrigação de ter que exercê-lo para sempre. E minha mãe já havia me revelado que eu tinha que obedecer a ela e ao meu pai só até completar dezoito. Ter de obedecer a alguém para a eternidade era muito tempo para mim. Além do mais, estavam ali muito claras as duas coisas que eu sabia não querer de jeito nenhum na minha vida: ser pobre e obediente.

O terceiro voto, o da Castidade, não sabia o que era, e ninguém se mostrava muito disposto a me explicar para eu decidir se ao menos a esse eu podia aderir ou não. A gota d'água foi a derradeira revelação de que freira não podia usar salto alto nem batom vermelho. Aí arreguei.

Na propícia solidão de um banho, num dia qualquer de fevereiro, quando fazia poucos dias que completara doze anos, enxerguei no piso um fio vermelho escorrendo até o ralo. Súbito, reparei que não havia nenhum joelho esfolado ou casca de ferida. De onde pingava sangue, não ardia com sabonete. Foi o momento preciso em que me dei conta de que tinha crescido e me rondou outro desejo de ocupação, que não freira.

Agora, mocinha e sem joelhos ralados, talvez pudesse conseguir o emprego de cortadora de frios na padaria mais movimentada da cidade. Vivia hipnotizada pela elegante coreografia de braços da balconista se movendo num ritmado vai e vem da máquina, aparentemente suave e leve, a cortar o presunto, finas fatias. Pesa. Baila os braços mais um pouco, pesa de novo, completando duzentos gramas. Deu. Embrulha. Entrega e chama o próximo cliente só com os olhos. Já contava vários dias que eu não esperava mais me mandarem ir comprar pão só para me demorar a assistir, do fundo do balcão, àquele bailado da cintura para cima que apenas eu enxergava tão gracioso.

Como comprar presunto era quase um acontecimento na minha casa, supunha — ingênua e sonhadoramente — que aquele trabalho devia ser um ofício valioso. Decerto me pagaria dinheiro suficiente para comprar uma mala, pensei. O que eu não sabia, e fui sacando aos poucos, é que adulto também tinha que obedecer a outras pessoas, chamadas patrões, que, por sua vez, obedecem a um sistema econômico denominado capitalismo, o mesmo que faz com que pessoas que dirigem carros de aplicativos, sem nenhuma segurança, ou entregam comida, faça chuva ou faça sol, sejam consideradas empreendedoras. É o ciclo de subserviência a um deus que, em vez de ostentar uma caricata barba branca e comprida como o da minha infância, arrasta a todos para as suas correntes de cifrões.

E havia mais uma parte que achei bem limitante: eu ouvira um "zum-zum-zum" de que o lado mais interessante do emprego era uma espécie de prêmio a que se tinha direito só depois de doze meses, em pé, dez horas por dia, sem faltas, firme naquela dança atrás do balcão. Tinha nome e norma. Chamava férias. E a regra é que essa espécie de prêmio era permitida por uns poucos dias, o que estava meio fora do meu padrão imaginado, algo como o bastante para uma volta ao mundo. Abdiquei do balé na padaria antes de desligar o chuveiro.

As excursões da minha avó comigo a tiracolo, somadas à mala cheirosa da minha tia freira que nenhuma vez falhou em me deslumbrar, incutiram em mim um fetiche por viajar. Crescida, e com um único juramento na vida (o de me sustentar sozinha), fui percebendo que os lugares para os quais meu desejo se inclinava estavam na minha infância, precisamente nas folhinhas de calendário.

Mal sabia que, para além do ano 2000, tempo em que não ocorreria apocalipse coisa nenhuma nem seria o fim de nada, minha bússola interior me apontaria o norte para onde, seguidas vezes, eu iria feliz, lotando múltiplas malas com uma variedade de comidas e produtos só comparáveis às prateleiras da mercearia do Muçurana dos mesmos tempos das folhinhas que eu levava para casa a fim de colecionar as paisagens e os lugares que queria pisar quando crescesse.

UMA MERCEARIA NA MALA

Chegar em Havana e abrir as malas é uma vitória que sempre brindo de imediato com um autêntico *mojito*

Parto de casa com três malas, uma pequena, com as minhas coisas, como de costume, e duas gigantes, com os zíperes estourando no extensor. Dentro, carrego o equivalente a uma mercearia bem sortida.

Café em pó e solúvel, adoçante, tapioca, latinhas de sardinha, atum e frango xadrez, farinha de milho e de mandioca, massa de pão de queijo, leite em pó, molho de pimenta, meio quilo de um genuíno doce de leite e uns dois quilos em barras de chocolate, leite condensado, *marshmallow* em pó, chá-mate Leão, macarrão sem glúten, chave de fenda, pilhas, resistência de chuveiro, lápis de cor, pinça, peneirinhas para proteger ralo de pia, agulhas de costura, caixinha com grampos de cabelo, veda-rosca e fita isolante, além dos tradicionais sabonetes, pasta e escova dentais, algo como uma dúzia de cada. E xampu.

Até um abridor de lata, recordo, estava na mala. Havia, também, frascos de vitaminas manipuladas em farmácia, removedor de esmalte, esmaltes e lâminas de barbear. Ah, e Minâncora, emplastro Salompas, Buscopan, Neosaldina e Xantinon, entre outros de uso eventual como Imosec, sal de fruta Eno e Aciclovir. Um ou outro item para o meu uso na minha estadia, mas 99,9% para os amigos. E os chocolates para presente.

Parece esdrúxulo despachar um minimercado na mala. Afinal, quem é que viaja levando uma chave Philips, por exemplo? Mas, com as minhas idas e vindas, fazer listas com itens assim foi virando rotina. O nome disso é bloqueio econômico. E o objetivo, há sessenta anos, é estrangular a economia da Ilha. É uma perversidade que os Estados Unidos, às turras com o governo cubano, praticam, na realidade, contra o povo.

A desculpa é que o modelo político de governo não agrada aos Estados Unidos. Ora, o que dá a eles essa legitimidade para aprovar ou não um modelo de governo de outro país? Em represália, o gigante impede que a Ilha tenha um comércio de importação e exportação, inclusive com países amigos do Tio Sam. E quem não é amigo dele, não é mesmo?

Até porque quando não é amigo eles invadem, arrasam e implantam a "democracia".

Tentaram isso em Cuba com a invasão da Baía dos Porcos e se ferraram. Mas isso é História. O motivo de Cuba ter um governo socialista não se sustenta, já que eles não metem bloqueio econômico contra China, Iêmen e Vietnã, por exemplo, países reconhecidamente socialistas também. A alegação de que o bloqueio, impedindo Cuba de comercializar livremente, é necessário porque na Ilha vigoraria um regime de ditadura também não cola. Historicamente, o conceito de ditadura deles é o que lhes convém. Outro exemplo: não há bloqueio contra a Arábia Saudita. A reflexão é: se é uma ditadura assim, como é que Cuba recebe tanto apoio internacional na ONU, onde 90% dos 193 países membros votam há mais de vinte anos pelo fim do bloqueio econômico?!

No dia a dia, a coisa é complexa. O abominável e triste é que esse impasse atinge a vida das pessoas de uma forma absurda, feroz, porque limita a oferta desde comida até tudo. A inconstância das importações, costumeiramente, provoca a falta de medicamentos nos hospitais. Equipamentos, acessórios, insumos, desde a mais simples seringa até uma peça de reposição para um mamógrafo, por exemplo, ficam sujeitos a chegar à Ilha sempre driblando as limitações impostas pelo país vizinho. Algo pelo qual nenhum outro país passa. Um acinte e um crime.

Desde que o mundo é mundo, a necessidade é a mãe da solução, então o jeito encontrado é que todo mundo se ajuda, coopera numa imensa e eficiente rede; um trabalho de formiguinha que funciona com um e com outro parente, amigo, conhecido do amigo, que manda produtos via um e outro parente, amigo, conhecido do amigo que aterrissa no José Martí. Um voo para Havana assusta pela quantidade, tamanho das malas e pacotes despachados. Três ou quatro pacotes desses de que falo, sem exagero, quase encheriam um contêiner.

Claro que essa rede funciona mesmo com toda a intensidade a partir de Miami, mas é corriqueiro notar o sistema ser operado via voos de Madri e da Rússia. Muitos cubanos vão para a Rússia comprar essa muamba para revender em Cuba. A Rússia é mais acessível para o cubano do que Miami, que fica a 42 minutos de voo de Havana. Tão perto que o cubano tem uma gíria para designar essa espécie de esquina para eles. Como os Estados Unidos estão a 90 milhas, quando eles querem dizer que uma pessoa está no vizinho gigante, eles dizem que o fulano está em *Noventa y Malecón,* numa referência ao sistema de ruas de quase toda a cidade de Havana. Assim como quando alguém está morto, eles dizem que o sicrano está em *23 y Colón* (Cemitério Cristóvão Colombo).

Mas, se o vizinho se põe tão inacessível, a Rússia é logo ali. A facilidade está no fato de que para um cubano entrar na Rússia não há necessidade de visto, ao passo que para entrar nos Estados Unidos é óbvio que sim. E esse visto nunca pode ser conseguido em Cuba pelo simples motivo de que, por causa do bloqueio econômico mantido pela pirraça dos gringos, não há embaixada nem consulado estadunidense na Ilha. Aliás, órgão que eles mantêm, sei lá, nas demais duzentas nações do globo. E, assim, o cidadão que deseja viajar um dia para Miami precisa viajar para um terceiro país, manter-se nesse país um certo tempo, o que implica muitos gastos com hospedagem, transporte e alimentação, aguardar a boa vontade dos gringos nesses departamentos e ainda correr o risco de ver negado o visto solicitado. Muitos cubanos fazem esse périplo em cidades do México ou vão para a Guiana. Visto concedido, podem voar para Miami que fica ali, a um pulinho.

O perrengue que vai desde repassar a lista de produtos, sem esquecer de pôr na mala algum muito importante, até ajeitar e ocupar todos os espaços, pesar, ajeitar de novo, pesar mais uma vez, ajustar o que pode ser embalado com o quê, desembrulhar, tirar da caixa, embalar de outra forma para proteger, pesar de novo, despachar no aeroporto, recolher na esteira... Ufa!

Chegar em Havana e abrir as malas é uma vitória que sempre brindo de imediato com um autêntico *mojito*. A separação do que vai para quem também espera eu matar minha vontade de um farto prato de arroz *congrís* e *chicharrones*, comida que não sei mais viver sem.

Claro que toda a distribuição leva dias. Vai-se espichando porque encontro com um e com outro, conversamos e, não raro, resolvemos os problemas de Cuba e do Brasil, com sobra de palpites para a solução das crises mundiais também. E fazemos festa. A entrega da caixa de lápis de cor para a filha de Roberto, num sábado de manhã, começou com um café e pão da *libreta*, atravessou o almoço e foi se estendendo à medida que chegavam mais amigos.

Pela tarde apareceu mais um, trazendo rum e cervejas, e, mais um pouco, logo outro se incorporou com uma torta. Alguém trouxe bananas e já se propôs a fazer os *tostones*. Mais à noite, jantamos espaguete. Duramos até de madrugada. Não nos despedimos enquanto não secaram as quatro garrafas de rum Santiago que estavam guardadas, esperando uma ocasião especial, dizia Roberto. Em Cuba, há um encanto em encontrar os amigos; os demais vão chegando, e chega mais um, e quando nos damos conta, sem ninguém marcar, virou festa, ocasião especialíssima.

Em outros encontros mais costumeiros, como com Teresa, matamos saudades remotas. De recompensa por trazer-lhe o seu brasileiríssimo e indefectível óleo de rosa mosqueta, nas tardes preguiçosas de domingo, me esbaldo com ela a rememorar acontecimentos incríveis, felizes e tristes, passados com personagens históricos, nos anos idos em que viveu entre Europa, México, Colômbia, Panamá, Brasil e na sua própria Cuba revolucionária. Ela me comove.

De umas histórias, rimos alto; de outras, choramos baixinho para não chamar a atenção. E, escondidas dos demais da casa, saboreamos juntas os chocolates ao leite que lhe trago de praxe e ela vai racionando até a minha próxima vinda. Há um perfume e um calor familiares nesses nossos encontros. Ela, suave em sua cadeira de balanço. Eu, debruçada no parapeito do balcão, de onde, transbordada de um sentimento de conforto, de retorno ao lar, avisto todo o Malecón, potente, a conter o mar.

MALA, ESCASSEZ E MINIMALISMO FORÇADO

Em Cuba, vejo e vivo demonstrações de generosidade de tudo quanto é ordem

Meu sonho de consumo é poder viajar sem mala alguma. Chegar ao destino e ter ao meu dispor um guarda-roupa que me sirva e os tênis de que gosto. Além do meu chapéu-xodó-Panamá, único luxo de que não abro mão. E sandálias Havaianas.

Com o tempo, e depois de literalmente arrastar — no sentido das malas — muitos erros, fui pegando o traquejo para fazer a mala. O truque é levar o mínimo do mínimo. E esse mínimo, na maioria das vezes, se resume às poucas peças que usamos de fato quando não estamos viajando também. Não adianta pegar aquela calça jeans que você acha linda, mas nunca usa. Na viagem, não vai usar também. Isso vale para a camisa, para a blusinha, para o vestidinho e para a bota maravilhosa, guardada há dez anos.

Estabeleci que, seja para uma viagem de quinze dias ou para uma de quarenta, a mala tem de ser a pequena, ou seja, dez quilos, aquela que não precisa despachar. Na prática, nunca uso tudo o que levo. Fora a libertação de desembarcar do avião sem ter que sofrer o estresse de a sua mala ser a última a rolar pela esteira, com as rodinhas quebradas, toda danificada, às vezes a ponto de ter que reparar o estrago com fitas autocolantes ali mesmo no saguão. Cansei de esperar amigas terem que tomar essa providência, com malas extragrandes mesmo em viagens de oito dias. Cafona. Já fui dessas.

Cuba é a minha única e irremediável exceção.

Nunca consigo ir nem voltar com mala que não seja o limite estipulado pela companhia aérea. Normalmente, duas de 23 quilos. De repente, para ir, já estou levando o inusual para uma mala de viagem e, para voltar, me pego trazendo o inusitado também. Desde minha segunda ida, a ideia é sempre levar o máximo de coisas para contemplar os amigos. De chocolates a chave de fenda. Quanto às malas de retorno, o que ocorre é que desde a minha primeira despedida sinto uma espécie de necessidade de continuar conectada às coisas de Cuba, o que me leva sempre a enchê-las com uma coisinha ou outra.

O problema é que essa "uma coisinha ou outra" pode ser uma raríssima caixa de madeira que pesa uns cinco quilos, com suas doze garrafas litro da Coca-Cola, todinha original, completinha, até com as tampinhas de plástico que não deixam vazar o gás. Em cada uma, no fundo, lê-se *Hecho em Cuba.* E o ano: 1959. A Revolução se consagra vitoriosa no dia 1º de janeiro desse mesmo ano e, na sequência, já foi metendo o pé na bunda dos gringos e *cambiando* a ordem da bagaça toda. Eis que, santo achado, cai na minha mão a marca-símbolo do imperialismo estadunidense, no marco histórico.

Se Havana toda já é uma viagem no tempo, visitar uma feira de antiguidades na cidade é tal como fazê-la na primeira classe. Encontram-se coisas do arco da velha, que adoro. Fiquei deslumbrada com o exemplar raríssimo da última produção das garrafas de envase de Coca-Cola na Ilha, o ícone por excelência da propaganda norte-americana em todo o mundo por décadas. Nem eu acreditava que estava comprando uma geringonça daquelas para levar enfiada na mala de volta ao Brasil na primeira vez em Cuba. Não sabia que voltaria ainda tantas vezes. Talvez tenha pensado que trazer comigo um pedaço da História da briga entre os dois países aplacaria meu próprio conflito interno de ter de voltar para casa, o lugar que, diziam, era o meu, mesmo eu sentindo um enorme puxão no peito me indicando que o músculo de dentro já queria ficar. Mas como ficar quando toda a vida está plantada a sete mil quilômetros de distância?

Bom, dei meu jeito de embrulhar as doze garrafas nas roupas e mocozei a caixa de madeira, originalíssima na pintura e tudo. Passado tanto tempo ainda olho para ela, intacta, com as doze garrafas feito vasos, ornando o meu escritório. É onde me inspiro para colocar margaridas e girassóis nos dias em que acho que a vida está para flores, ainda que nunca esteja realmente um mar de rosas.

Com o tempo fui voltando para Cuba, voltando mais uma vez, e outra, e mais uma. A necessidade de me sentir conectada à Ilha foi me fazendo a cada viagem deixar mais coisas minhas, como tênis, sandália, roupa de academia, pijamas, chinelos. Alguns vestidinhos e duas malhas para dias cinzentos também compõem o singelo guarda-roupa do meu autoexílio. Cafeteira, espremedor de limão, espátula de frigir, lápis de cor e os meus livros de colorir, já deixei também. Penso que é meu inconsciente indicando que gosto da ideia de ter em Cuba meus particulares confortos de um lar; aos lápis de cor recorro nos dias gris, ou com chuva, quando o Malecón se assanha, cinzento, de ressaca, e não posso percorrê-lo por dentro.

Nas idas, levar coisinhas para mim mesma ou umas e outras necessidades mais urgentes para os amigos vão me educando, na carne, sobre o desatino do consumo exacerbado que a propaganda impõe para nos sentirmos dentro da *high society* no próprio trabalho. Já fui daquelas de comprar uma bolsa para cada *look*. E sempre precisava de mais uma e mais outra, agora de outra marca, cor, modelo. O ciclo era: eu trabalhava, ganhava dinheiro e comprava mais acessórios vistosos que mediam meu status no escritório, na audiência no Fórum, na sustentação no Tribunal, no *happy hour* com os colegas no barzinho da moda.

Um parênteses: a advocacia é uma profissão de pura ostentação. Mede-se muito o sucesso profissional pelos atributos visíveis, como carro, mansão, essas coisas. Pouquíssimos advogados fazem bom dinheiro. Só os de renome, das grandes bancas país afora. Mesmo no baixo clero da advocacia nacional, em qualquer vara de audiência ou escritório meia-boca, a onda é exibir a caneta Montblanc, a bolsa Louis Vuitton; os homens esgrimam com suas carteiras, gravatas, ternos e relógios das marcas mais cafonas e caras, anunciadas nas bacias em promoção de qualquer *freeshop* de aeroporto. Fecha parênteses.

Nas vindas, fui me reeducando no uso sustentável das coisas mais diversas; digo reeducando porque a pobreza da minha infância já tinha me educado uma vez, época de uma carestia em casa de dar dó. Eu, que cresci e enfiei o pé na jaca ao notar que minha conta bancária ficava mais folgada, mas sem me dar conta, lucidamente, que era às custas de muito sono ruim, terríveis crises de ansiedade e vontades irascíveis de matar uns e outros por aí.

Há mais de quinze anos que não sei o que fiz da minha vida. Espantosamente voaram, apesar da má qualidade com a qual nos arrastamos. Sensação de arrastar pelo pé uma bola de ferro todo dia. Claro que esse discurso é absolutamente burguês: "Ah, olha como estou evoluída. Estou aprendendo a viver com pouco, podendo viver com bem mais".

Mas em Cuba a vivência foi de outra natureza. Eu sei. Já vivi no outro lado também, o da pobreza, em que o salário mixo de repórter recebido no quinto dia útil acabava antes do vale, dia 20, e tinha que pendurar os almoços a quilo no restaurante da amiga.

Foi em Cuba que vivenciei a experiência de, mesmo tendo dinheiro, não ter o que comprar. Não tem oferta. Então, a gente usa melhor as coisas que tem. Não se trata de ser sovina ao reaproveitar uma embalagem plástica, remodelar uma roupa ou consertar o ventilador. A escassez provoca o uso consciente. Apesar da carência material generalizada, é em Cuba que vejo e vivo mais demonstrações de generosidade de tudo quanto é ordem.

É assim entre os pobres: dividem o pouco que têm, e, milagrosamente, é o bastante.

SENTADA NUM BANCO

Em Cuba, morador de rua não se cria

Assisto às pessoas passando até virarem a calçada e sumirem lá na frente. Esse movimento banal é minha mais deliciosa distração quando, à tardinha, com a desculpa de ler o último Padura emprestado do meu novo vizinho, dou-me ao luxo de sentar no mesmo banco em que o príncipe Charles e Camila descansaram suas nádegas reais quando estiveram em Havana.

O John Lennon de bronze, que só tem direito aos seus óculos de metal redondinhos quando recebe a visita da realeza britânica, é a minha companhia. Poder me demorar num programa tão singelo, como o de ler à tarde na praça John Lennon, chamada de parque pelos cubanos, é quando me dou conta de que ter tempo para ficar sozinha, sem ser solicitada, sem notificações no celular, sem agenda para cumprir, sem nada dessas coisas que amolam e submetem a vida da gente, é o meu luxo imprescindível. Meu jeito sincero de fazer meditação.

Sentada no banco com John, de frente para ele, cruzo as pernas. Sendo sua súdita do meu jeito, observo que alguém sempre passa por ali antes de mim e, ritual, deixa umas florezinhas roxas na mão literalmente bronzeada que ele pendura, com charme, no encosto. Somos assíduos já. Eu e o depositante das flores sempre iguais. Lennon não tem opção, claro.

A praça com a estátua do Beatle sentado num banco fica no centro do Vedado, um bairro tipicamente residencial e bem valorizado, incrivelmente arborizado de ipês de todas as cores. Nos meses em que os ipês despelam, colorindo as calçadas, chega a vez dos flamboyants, e, assim, esse bairro-coração de Havana parece florido o ano todo. O Vedado todinho apresenta uma arquitetura comovente; para mim, de uma beleza poeticamente decadente. Os casarões, belíssimos, são conservados a duras penas. Não há muita disponibilidade de materiais de construção para a manutenção que o passar do tempo exige e a maresia impõe. O nome Vedado vem desde os idos históricos da Cuba colonial. Àquela época, toda essa região era interditada, os pretos eram proibidos de circular.

Conhecendo a origem do nome desse meu bairro predileto em Havana, impossível não refletir sobre quantos lugares no Brasil ainda são vedados aos negros. Há uma profusão deles, desde shoppings até clubes. Quase todos os dias o noticiário é tomado por casos de racismo criminosamente explícito, e, mesmo assim, negamos que somos um país majoritariamente racista.

No Brasil, mudamos os nomes dos lugares, temos feriado e leis, mas não enfrentamos o racismo estrutural que está em nós quando não achamos anormal que no restaurante que frequentamos não há uma mesa sequer ocupada por uma família negra. Não estranhamos que, nos bancos ou no serviço público concursado, no Judiciário ou nos cargos de chefia nas empresas, não existam negros ocupando postos. Recordo bem de uma reportagem de TV que viralizou por mostrar uma família com três crianças loiras que estavam morando e pedindo esmola num sinal de trânsito. Os olhos azuis e a cabeleira loira dos pequenos miseráveis chocaram tanto que uma rede de ajuda foi montada a partir da veiculação na televisão. As dezenas de famílias miseráveis com filhos pretos esmolando no mesmo lugar não comovem ninguém. Nem a mim, confesso.

A indiferença é estrutural também.

Para o cubano, é incompreensível que uma pessoa não tenha teto. Lembro que me peguei perplexa com a explicação de Teresa sobre o motivo de ela não ter permanecido mais tempo morando no México, nos anos 1970, quando àquela época crianças também viviam nas ruas. Insensível, classifiquei como "mimimi". Drama de uma cubana de coração mole que chora até as lágrimas, emocionada, ao assistir a uma roda de samba carioca. É enigmático para mim, mas, sim, Teresa é a única pessoa que conheço que chora numa roda de samba, e chora também ao ver uma criança morar na rua.

Enquanto especulo há quanto tempo o devoto de John pode ter passado por ali para aquelas flores estarem ainda incrivelmente vigorosas embaixo do sol de rachar mamona, no banco oposto ao meu e de John, uma cena me convoca os olhos.

Um policial conversa baixo, amistoso, com um senhor de talvez uns sessenta e poucos anos que mantém ao lado do corpo, no banco, uma bolsa grande, tipo mala, e, no colo, uma mochila bem esturricada que, vê-se, nem fecha direito. Lotada. Já havia tempo que o homem maior, como os cubanos se referem aos idosos, estava sentado ali, aparentemente meio sem rumo. Fiquei reparando a prosa surda.

O policial sai manso. Some enquanto me entretenho com uma ou duas páginas do livro. A praça dos flamboyants continua seu movimento. Um rapaz jovem, calça social escura meio surrada, camisa branca, bem convencional, se aproxima agora do homem maior, ali, impassível. Percebo que ele pede licença e senta ao seu lado; conversam baixinho. Não escuto nada, mas noto que o rapaz, calmo, fala mais, parece argumentar. Não faz gestos muito largos. O senhor escuta, assente às vezes, meneia um pouco. Parece não contra-argumentar muito.

Um pouco cabisbaixo, aparenta aceitar o que o rapaz expõe. Não é rude. Eu me distraio com o movimento do vai e vem das pessoas pela calçada, umas crianças pedalando bicicletas e, quando lembro de voltar para a cena, o rapaz já está de costas para mim e para a praça, caminhando ao lado do então candidato a passar a noite entre os buquês dos flamboyants mais vivamente alaranjados que já vi. O jovem carrega a bolsa maior, e ambos desaparecem da minha vista. Uns minutos e os vejo já dentro de um pequeno ônibus escrito *Asistencia Social* e não sei mais que de *La Ciudad de La Habana*.

A cena me fez recordar de uma fala famosa do Fidel, certa vez, numa entrevista, quando afirmou que naquela noite "milhões de crianças no mundo iam dormir na rua, nenhuma cubana". Pensei: nenhum idoso também. Aliás, nem idoso, nem ninguém. Em Cuba, morador de rua não se cria.

DIGNIDADE

Política pública: coisa que
o brasileiro desconhece em todos
os níveis, setores e escalões

Na TV cubana não tem propaganda. Novelas mexicanas e brasileiras, além de produção local, filmes, documentários culturais internacionais, programas educativos e as notícias formam a grade de entretenimento de todos os horários dos quatro canais nacionais. À noite, como os cubanos, me ponho a assistir a algum filme, da programação da TV ou via *pendrives* que eles copiam às dezenas em lojas específicas desse serviço, e é só espetar no aparelho. O cubano é tão desembaraçado que, dois dias antes de um filme muito aguardado estrear em Miami, certamente já estará no circuito dos *pendrives*, exibido em toda Havana. Incrível.

É o cineasta Ernesto Daranas, no seu longa *Conducta*, quem leva para a tela a poesia da trama bem contada, que me fez refletir sobre uma corriqueira acusação contra Cuba: não há liberdade na Ilha. Na trama, a história principal é a vida dura que o garoto Chala, de 11 anos, enfrenta depois da aula, com a mãe embrutecida pelo álcool e pela pobreza. Mas foi a história paralela, da menina por quem Chala se apaixona, e que mora clandestinamente com o pai em Havana, que me fisgou na curiosidade.

A garota começa a frequentar a sala de aula da professora Carmela, matriculada pela própria professora, numa situação irregular que fica um pouco incompreensível para mim. Com o desenrolar, a trama vai revelando que os dois vieram de uma província e não têm autorização para residir na capital. Epa. Meu paradigma de liberdade de ir e vir acende um alerta vermelho, piscando na minha cabeça igual um giroflex.

Ao cubano de qualquer uma das treze províncias, não pode dar na telha ir morar na capital do país. É preciso uma espécie de um comunicado a um departamento que existe para esse fim, e só após uma espécie de permissão a mudança se torna possível. Quando um amigo me explicou que sim, uma simples mudança de lugar de residência precisa de autorização do Estado, minha primeira reação foi menear a cabeça. Incompreensível que uma moradora do Maranhão que decida viver em Brasília precise de autorização de quem quer que seja para isso. Mas em Cuba precisa.

Domingo de manhã é por excelência um tempo bom para passeio a pé no centro de qualquer cidade do mundo: praça, catedral, pombas voando, crianças correndo, um café mais adiante, fotos para o Instagram, essas coisas, sempre igual. Ou não?

Meio sem noção, iludida pela normalidade que inspira uma manhã de domingo, vou flanando pelas ruas de São Paulo, ou melhor, me esgueirando, já que ninguém flana por uma megalópole que, apesar da abundância de recursos, cultiva violência e dramas a céu aberto. Fui descendo a calçada do Martinelli, famoso e histórico edifício ali do centro, em direção a uma padaria que podia estar aberta a fim de pegar uma água e, rápido, dar o fora. A miséria dá medo.

Súbito, divido aquele pedaço da calçada com um homem, jovem ainda, de uns trinta e poucos anos. A sujeira e a humilhação daquele rosto me põem a julgá-lo com uns quinze a mais. Encoberto por uma manta xadrez, bem surrada, feito um pau sustentando uma tenda, ora ele abre os braços, ora fica meio em pé, meio acocorado. Vejo que a tenda improvisada o encobre e sob ele há uma bacia de plástico, verde, dessas bem baratas, aparentemente cheia de jornais velhos. Esse homem está literalmente no meio de uma calçada, símbolo do centro da cidade mais rica da América Latina. E ele está defecando.

Como diz a canção do Caetano: "Na cidade, a gente fica cego de tanto ver".

Entre Brasil e Cuba, claro, qualquer que seja o quesito, não há como fazer comparações. São de ingenuidade intelectual, ou má-fé, essas comparações entre Cuba e Estados Unidos, Cuba e Brasil etc. É mais honesto comparar Cuba e Haiti, com suas semelhanças geográficas e históricas, mas é outra discussão. Mesmo assim, para efeito de percepção de dignidade, meu termo de comparação tem que ser o Brasil mesmo e as ruas pelas quais caminho por São Paulo. Duzentos e vinte milhões de brasileiros, diversidade incrível de peles e origens, num território continental a contrastar com 11 milhões de cubanos com a "circunstância da água por todos os lados". Onze milhões é a população só da cidade de São Paulo, sem o circunvizinho ABC.

Não consigo mais despregar da retina o rosto daquele homem olhando para mim. Ali, naquela calçada, embaixo de um cobertor, de cócoras, humilhado, ofendido na sua mais elementar dignidade humana, cagando na rua feito um cachorro. Abandonado.

Havana, capital, tem problema de déficit habitacional como todos os países pobres. Vagueando pela cidade vejo que tem gente morando de todo jeito, como em qualquer cidade do mundo. Assombra ver casarões de arquitetura burguesa, nobre, abrigarem, aparentemente, várias famílias juntas. Em Miramar ou no Vedado, como em todo bairro mais nobre de qualquer cidade, há casas enormes onde mora só um casal, como aquela em que tenho o privilégio de viver quando estou na minha temporada das flores. Nos bairros periféricos, como El Cerro, La Víbora e outros, são visíveis também os puxadinhos na casa principal, quando há espaço.

O permiso para viver em Havana agora faz sentido para mim.

O estado cubano não proíbe, simplesmente, o cidadão de mudar-se para Havana. O que existe é uma legislação para dar lastro a uma política pública que não permite ao cidadão das províncias desembestar para a capital, sem antes comprovar a compra ou a permuta de uma moradia para, ora, ora, veja só, ele ter onde morar. Um teto.

Como é parte de um sistema de política pública, coisa que o brasileiro desconhece em todos os níveis, setores e escalões, com esse controle por *dirección,* ou endereço, o Estado consegue também planejar — e executar — o atendimento daquela comunidade na policlínica de saúde e pelo médico de família. Os trâmites legais para obter *o permiso* levam em conta o espaço habitável por metro quadrado e o número de pessoas da família. Pode ser até a casa da tia corre-cotia ou da mãe joana, mas tem regra.

A relação do cubano com a propriedade privada, na minha percepção, é algo bem diferente. Cada cubano pode ter registrada em seu nome apenas uma propriedade. Se herda uma segunda, o Estado lhe dá o prazo de um ano para escolher com qual vai permanecer e colocar à venda, digamos, a sobressalente. É a função social da propriedade em estado bruto. No Brasil, a Constituição Federal, no capítulo das garantias, também prevê essa modalidade de direito essencial, ter uma moradia, mas o que ocorre é a especulação imobiliária sem limites. Quem pode mais, chora menos.

Em Cuba, os reflexos dessa igualdade são variados. Um que chama a atenção é em relação aos casais. Não casam de papel passado e, na sua maioria, vão morar juntos, mas isso é uma tendência mundial, creio. O diferente está em como eles continuam a se referir como casa de apenas um dos viventes, só o que figura como proprietário, ainda que vivam os dois. A linguagem do dia a dia, nesse caso, exprime a situação real de direito.

Outro é em relação a proteção à criança. Apenas o proprietário da casa pode autorizar que seu imóvel conste como *dirección* de outra pessoa. Isso tem mais eficácia jurídica do que um casamento nos moldes brasileiros. Um exemplo é uma avó que recolhe em sua casa, além do filho, a nora e a neta. Se deixar constar como *dirección* da neta a sua casa, numa eventual separação do casal, o Estado protege a criança. A avó passa a ter que dividir a casa ao meio para que a criança tenha onde morar. Com a mãe, *por supuesto*. Assim, a coisa do endereço em Cuba é algo bem sério para o nosso padrão brasileiro.

Nunca mais esqueci o rosto crispado de vergonha daquele homem. Acocorado, demovido de qualquer traço de humanidade, ele estava ali, dono de toda a sua paradoxal liberdade de não ter um lugar sequer para cagar sem plateia. Nove vezes em Cuba e não vi ninguém, absolutamente, nenhum cubano ou cubana, dormir ou cagar ao relento.

AS CAMBALHOTAS DA VIDA

Quase tive uma síncope

Sabe aquela sugestão comparativa: sexo é bom, mas você já experimentou tal coisa?

Pois é. Minhas matinas em Cuba, seja em Havana ou no interior, ganham um *upgrade* desse patamar. Sexo é bom, mas acordar e beber um copázio de suco de manga não tem comparação. As mangas cubanas têm um néctar extraordinariamente saboroso. Na época das goiabas, o paradigma é o mesmo.

No *desayuno*, em prece e de olhos fechados, eu tomo, sozinha, bem devagar, uma jarra todinha de suco de goiaba ou de manga, dependendo dos meses do ano. A fruta que dá no pé, no seu tempo, é incomparável; Cuba só tem dessas. Penso que é por isso que guardo o cheiro e o gosto daquelas mangas madurinhas que chupava na minha infância. No verão, saíamos pelas tardes, caçando mangueiras nos terrenos baldios para catar as maduras e atirar pedra para derrubar as verdes, a fim de comê-las com sal. Depois elas sumiam. Daí vinham as goiabas, cheias de bicho mesmo. Forravam o chão, depois sumiam também.

A explicação para essa concentração admirável de sabor das mangas e das goiabas cubanas é que a colheita respeita as estações. São frutas da época. Em Cuba, não há plantações aspergidas com venenos para produzirem mais durante o ano todo. Época de goiaba é suco de goiaba todo dia, até acabar a estação; época de manga, idem. Aí acrescentem-se doces, geleias, bolo e tudo o que for, de modo que se aproveita a safra e não se perde nada. Congela, faz compota, tudo. Sabedoria, não enjoo.

Estou eu matando minha jarra de suco de goiaba, e eis que me atento estar com pouca internet, só um tiquinho. Mal acostumada, sofria muito de faniquito se ficava desconectada, como se a Terceira Guerra Mundial já pudesse ter sido deflagrada sem eu saber. Nesse tempo, internet era um artigo de luxo na ilha, porque bem caro; e a conexão, fraca, dependia de *wi-fi* público, possível de acessar somente nas praças e mediante a inserção de senha e contrassenha enormes raspadas nos cartões vendidos pela empresa de telecomunicações cubana.

Eu tinha sorte: a casa onde ficava em Havana era colada num parque desses com *wi-fi*. Então, ali do meu balcão, no segundo andar, podia acessar o mundo sem exatamente ter que me liquefazer ao sol. Desde que tivesse cartões com dados.

Ligo os dados celulares e pula um e-mail do meu sócio, comunicando em caixa-alta que necessito URGENTE, mais que urgentíssimo, fazer uma verificação de depósito e, na sequência, uma transferência bancária de mais de R$ 280 mil para um cliente do nosso escritório, descontados já os nossos honorários advocatícios. Tratava-se de uma ação bem trabalhosa e longuíssima, de mais de dez anos, da qual, finalmente, o Judiciário se dignava a liberar o montante devido ao paciente cidadão.

Como eu era a advogada com procuração nos autos, o montante seria depositado na minha conta bancária. Mas o grave não era o dinheiro na minha conta. É perfeitamente normal o dinheiro entrar na conta e a operação de transferência ao cliente levar alguns dias ou o tempo necessário para os trâmites de praxe no setor administrativo. Ocorre que o e-mail explicava que eu precisava fazer por motivo extremo, de vida ou morte.

No anexo compartilhado, vejo que a esposa do cliente solicitava informações sobre o andamento da ação, apenas um dia antes de o dinheiro ser liberado na minha conta. E informava que o marido havia sofrido um AVC, fora socorrido, mas necessitaria de outra cirurgia muito delicada e, se sobrevivesse, demandaria cuidados que não seriam nem poucos, nem baratos. E mais: ela precisava transferir o esposo para outro hospital e não tinha meios financeiros para bancar o que estava por vir. Terminava implorando que, se possível, fizéssemos alguma coisa para adiantar a solução do caso, porque ela ia necessitar pagar médicos particulares para a severa cirurgia do marido.

Quase tive uma síncope.

Essas cambalhotas que a vida dá assim abruptamente nas pessoas, virando tudo pelo avesso de um momento para o outro, sempre mexem bastante comigo. Doença grave, acidente, morte na família, essas merdas que esculhambam com sonhos, planos e a nossa paz. Me afligem a ponto de doer no estômago porque, sei, estamos todos sujeitos.

Fiz a conta do fuso. O escritório já estava aberto havia uma hora e meia. Eu tinha que responder prontamente àquela situação, posicionando meu sócio se o dinheiro se encontrava efetivamente na conta, e realizar a operação bancária de transferência ao cliente que, óbvio, reiterava a urgência. Que *putamadre*! Mas não tinha dados de internet para permanecer *on-line* nem mais dez minutos.

Atordoada com a rapidez como as coisas se impõem e, do nada, mudam planos, sendo o meu tão somente tomar café da manhã bem sossegada, com a fruta da estação, levantei, apanhei a bolsa e parti escadaria abaixo.

Bem ali ao lado eu ia resolver tudo, sem miséria, comprando logo uns dez cartões; com sessenta minutos de internet em cada um, beleza! Faria as operações necessárias, e o mais importante: tiraria da minha cabeça que o cliente poderia morrer sem a cirurgia cara sendo dono de quase trezentos paus parados na minha conta. Desci calçando Havaianas, afinal, ainda que não fossem o calçado mais adequado para andar rápido pela rua, o ponto de vendas era ali ao lado.

Calculei mal.

Atravesso aflita pelo meio do canteiro central da avenida Paseo, onde ficam estacionados os carros antigos que levam os turistas do Meliá pra lá, pra cá, e não vejo o movimento de costume no ponto de venda oficial de cartões. Pela janelinha, enfio o rosto para dentro e só na necessidade de abrir a bolsa para tirar o dinheiro e pagar a compra é que me dou conta de que numa mão seguro o celular e, na outra, carrego ainda o copo sujo de suco. Não sei em que momento da minha aflição parei as sinapses e apaguei, não enxergando o disparate de descer as escadas todas do segundo andar, sair para a rua e continuar andando com um copo de vidro na mão, vazio, sujo de resto do suco de goiaba.

Eu não sabia, mas tinha avaliado muito mal quão longe iria naquele mesmo dia.

Sem compreender o malabarismo que fazia para disfarçar o copo, pegar o dinheiro e falar espanhol, tudo ao mesmo tempo, a atendente se adiantou informando que não podia vender porque estava "sem sistema". Era só o que me faltava, pensei, já quase chorando de raiva por estar de chinelos, já sabendo que teria que andar mais. Perguntei se havia outro lugar para comprar e ela me indicou outro ponto, a umas quatro quadras para cima, em Línea, avenida muito movimentada que corta Havana de fora a fora. Parti. Com ódio dos chinelos. E do copo. Pior: sem tempo de me desfazer de nenhum dos dois.

A falta de movimento no segundo ponto indicado não anunciava boas notícias.

A moça calmamente me explicou que estavam sem sistema desde o dia anterior e a previsão era de mais dois dias sem acesso, ao menos até consertarem o pino na grampola da rebimboca da parafuseta. Só martelou a minha cabeça o que ela disse dos dois dias sem acesso. Se era isso mesmo, por certo eu morreria antes, de aflição e angústia. Então, só tinha um jeito. E eu precisava, voando, dar esse jeito.

Eram pouco mais de dez da manhã e eu sabia que, andando algo como umas dez quadras, ficavam os escritórios das companhias aéreas que faziam a rota Havana-Miami. Tomei um táxi popular, que em Cuba é coletivo e circula basicamente só nas principais ruas e avenidas. O motorista para ao lado da calçada, indica com os dedos da mão direita quantos lugares tem dentro; a partir daí, em vez de o passageiro informar aonde precisa ir, é o motorista quem comunica por onde vai passar. Se o itinerário servir, entra, paga e salta no ponto do trajeto mais próximo do seu destino. E o meu era em linha reta mesmo.

No balcão da companhia aérea, expliquei para a moça que necessitava adiantar para aquele momento, o mais próximo que tivesse, o meu voo de retorno para Miami, marcado para dali a dez dias. Em menos de cinco minutos, ela emitiu o novo bilhete sem que eu precisasse desembolsar nem um dólar a mais.

Foi o tempo de eu voltar para casa, colocar o copo sujo na pia, trocar as Havaianas por tênis e jogar três ou quatro coisas dentro da mala *carrion*. Tudo executado exatamente nesta ordem. De mala na mão ficou mais fácil convencer o vizinho a me levar para o aeroporto, a uns trinta minutos de onde eu estava, no Vedado. A conjuntura da pressa me obrigando a partir naquele carrão Buick clássico, táxi improvisado, de cor azul-calcinha, mesmíssima cor do céu naquela manhã, me atiçando a remoer: uma vez mais estava indo embora, querendo muito ficar. Olhei pelo retrovisor o Malecón também azulando no horizonte e, penalizada, por um momento senti a falta de um cubano com pinta de Bogart para me dizer: "Sempre teremos Havana".

Saí no voo das 13h05. Um vidro inteiro de floral para ansiedade e quarenta e dois minutos depois aterrissei em Miami. Imigração eletrônica rapidinho, um Uber, e às 15h05 concluí a transferência de duzentos e oitenta e um mil, quinhentos e trinta e três reais e sete centavos para a conta-corrente do cliente. Para uma advogada, constatar um saldo grande de dinheiro na conta pode ser uma ilusão boa de ter, mas, em tempos de "sistema" a dominar nossas vidas, a paz de tirar da sua o dinheiro dos outros não pode esperar o dia seguinte.

O vagar do tempo é uma atração singular de Cuba. O cenário, típico de um filme dos anos 1950, favorece a percepção; e a parca tecnologia disponível, por conta do bloqueio econômico, obriga.

O sistema nos impõe uma vida de pressa, e, quando se vive em Cuba, a desaceleração vira um desfrute. Uma verdadeira cura para nossos tempos modernos, 24 horas conectados e o tempo todo sendo solicitados. Assistir às crianças brincando na rua é um passatempo predileto nos meus fins de tarde. A gritaria, as risadas, tudo me devolve aos meus dias na minha própria vila, quando também jogava taco na rua e depois corria para fazer a lição de casa antes da janta.

Cuba ainda é assim, apesar de a internet estar mais rápida e mais acessível a todos desde 2018.

O copo sujo do suco de goiaba levado em uma das mãos até conseguir o voo que me devolveu internet em 42 minutos foi o lapso ao qual meu inconsciente tentou se apegar, como se aquele resto de suco pudesse, de alguma forma, me prender à calma e ao sabor das estações perdidas da minha infância, as duas sensações que sempre busco primeiro quando piso em Havana.

NA SAÍDA, UM FESTIVAL DE IGUALDADE

A turba imbecilizada pode ser mais perigosa que a ameaça da violência em si

Nos vemos a las 4:20.

Vista assim, parece meigo, mas em Cuba, isso dito no recreio das aulas, é senha de que o bicho vai pegar. Os cubanos são finos desde a idade escolar. Prova é essa sentença aparentemente inocente, mas significa que a treta tem hora e lugar: a saída da aula. A contraprova desse requinte nacional é o sucesso de vendas dos lápis verdes da marca Clandestina, com a sentença em dourado.

Nenhuma tarde de andanças por Havana me contagiou mais que assistir a uma saída dessas. Na algazarra típica, como num festival de igualdade, todas as cores de pele formam uma onda rua afora. Nos uniformes cor de vinho e camisa branca, são só felicidade e suor.

Minha avó era racista. Nunca a vi ofender ninguém, nem verbalizar nada que indicasse isso, mas toda vez que ela me puxava pelo braço enquanto andávamos na rua eu podia saber que era porque um homem negro estava quase a cruzar conosco na mesma calçada. Ela não dizia nada e eu também não, mas o puxão para junto dela era a senha "tenha cuidado". E, para mim, a revelação: minha avó era racista a ponto de sentir medo de gente preta. Nossas casas eram distantes apenas duas quadras, em ruas diferentes, e duas patentes nos separavam: ela morava na rua General Glicério e eu, na Marechal Deodoro.

Na frente da minha morava uma numerosa família de pretos que, com o tempo, fui identificando: quem eram os filhos, as tias, os tios e as mães de quem e por último, soberana, a avó de todos. A matriarca.

Na escola, estudava comigo uma das meninas. Mais velha do que eu, "Fia" era lindíssima, o corpo já indicando uma forma de mulher, apesar dos seus aproximados 12 anos. Somente na hora da chamada ela era Maria de Fátima. Por todo o bairro ela era a Fia, indomável, destemida, risonha e briguenta. Botava medo na meninada toda e não raro enfrentava os meninos mais folgados também. Dia sim, dia não, no recreio ouvíamos a terrível ameaça: a Fia vai pegar fulana na saída. Aquilo soava quase como uma sentença de morte. Presenciei várias terem que se socorrer da água com açúcar na cantina da Jura, enquanto pensava numa estratégia de fuga assim que o sinal soasse. De minha parte, só conseguia pensar: "Graças a Deus que a treta não é comigo...". E, na saída, só escutava a turba, em roda e em coro: "Uhhh uhhhh uhhhh uhhhh". Aquilo era mais assustador do que os tapas que eventualmente Fia podia dar na orelha da outra. Dali tirei uma pequena lição: a turba, imbecilizada, pode ser mais perigosa que a ameaça da violência em si. Porque era a turba que incentivava, fustigava e apoiava; assim, não saía sem participar da violência e, ao mesmo tempo, não tinha a responsabilidade direta de ter participado. Hoje somos uma geração assim: em turba, pelo WhatsApp, incentivamos o ódio ao diferente, seja perpetuando costumes, seja compartilhando notícias falsas, mas, em todo caso, sem a responsabilidade de participar dos desdobramentos disso.

Mas, se Fia era única na quantidade, ela sabia se fazer na notoriedade. Todo mundo tinha medo dela, menos eu. Ninguém era amiga dela, somente eu. Ela era boca-dura com a escola inteira, inclusive com professores; fazia a linha "não-levo-desaforo-pra-casa". Eu achava aquilo lindo, mas não era a minha linha porque queria ser querida e ela parecia que queria ser a mais malquerida. Definitivamente, naquela época eu queria ser eleita representante de classe e tinha que saber dosar os comportamentos apreciáveis numa boa candidata: tomar com jeitinho a frente das coisas todas, sem, contudo, ser antipática, prepotente, e ficar malvista. E assim me elegi mesmo. Boa plataforma para muito politiqueiro e politiqueira de plantão por aí, né não?

Um dia, brigamos.

Não lembro o motivo.

Fia me chamou de "pintada" porque havia um tempo tinham aparecido umas manchas brancas na minha pele.

Eu, no pior estilo golpe baixo, respondi na lata. "Ah, é? As minhas manchas brancas vão sarar, já o seu pretume não vai sarar nunca", sentenciei, do alto da minha falsa superioridade branca, como se a cor diferente da pele dela fosse comparável à doença de pele que eu tinha.

Erro fatal!

Só não apanhei dela por um ano inteiro seguido toda vez que saía do portão de casa para fora e ia comprar pão na esquina porque minha mãe foi muito hábil na diplomacia do quintal e deu um jeito de ela esquecer que eu a tinha também xingado de "sua pretinha". Sim, "pretinha" era o pior xingamento na minha infância, aquele único passível de te fazer perder os dentes, diga-se, recém-chegados no lugar dos de leite. Era assim, pelo menos no meu bairro.

Não posso deixar de pensar que minha avó incutiu esse racismo na minha mente, com aqueles puxões para perto dela toda vez que um negro passava pela gente.

No entanto, minha convivência com Fia me levava a outra dimensão do significado da cor.

Ela era audaz, alegre, cheia de vida, e de marra também. E como eu gostava de observar o seu destemor com a nota baixa na prova, ou com a bronca do professor pela lição de casa não feita. No fundo, admirava aquela desobediência toda dela às regras e ao padrão menina-boazinha.

Fia era minha musa, mas eu tinha que caber no padrão "menina-estudiosa-educada-bem-comportada".

Revisitando hoje essas memórias, me ocorre que o nosso racismo estrutural vem muito dessa segregação, cuja existência historicamente teimamos em negar, mas é só olhar ao redor, nos lugares que frequentamos, e notar quantos pretos e pretas estão ali. Na academia que frequento com mais de mil matriculados, há dois pretos. Uma é a faxineira e o outro é o guardador de carros.

Minha avó, por nunca ter verbalizado seu racismo, é o exemplo do meio em que vivemos por muito tempo, se bem que hoje em dia as pessoas estão tão rasas que não é mais raro termos que usar de condescendência para com a ignorância alheia, seja nas redes ou no nosso convívio. Fato é que minha avó era um exemplinho da sociedade que nos condicionaram a ser, ou seja, formada por racistas que não admitem em si essa marca de preconceito. Um racismo não dito, mas tão presente que é só olhar para os lados pra percebê-lo. Falo de percebê-lo como branca, lógico. Porque os pretos e as pretas vivem o racismo no dia a dia, seja no olhar, na vigilância dos seguranças de shoppings, mercados e lojas ou nas vagas de emprego etc.

Em Cuba, essa conjuntura que parece selecionar os pretos só para subempregos não existe mais. Há médicos pretos, dentistas pretos, generais pretos, deputados pretos, cientistas pretos, diplomatas pretos, escritores pretos, toda sorte de profissionais "estudados" pretos, misturados aos brancos. Isso só é uma realidade porque brancos e pretos frequentam a mesma escola. Pública, diga-se. Partindo da mesma linha de largada, as oportunidades são mais iguais.

Prova de que definitivamente é a escola o lugar em que esses preconceitos que ganhamos em casa, de pais e avós, têm mais uma chance de não prosperar. O lugar em que a aceitação do diverso de nós ganha humanidade. É na escola, sentados lado a lado com o diferente, seja na pele, no cabelo ou na renda dos nossos pais, que ganhamos convivência própria e passamos a respeitar o outro, ponderando por nós mesmos o que gerações anteriores às nossas incutiram nas nossas cabeças. E repassamos adiante. Mesmo que em piadinhas ridículas.

No Brasil, escola pública é lugar para o filho ou a filha da empregada. Na classe média já está instalado o conceito o "meu rebento" é melhor e deve receber, portanto, melhor instrução que os filhos de subalternos. Não passa pela cabeça dessa gente ativar meios para melhorar a escola para todos.

Em Havana, a escola pública, do que conhecemos como ensino fundamental até o universitário, é o melhor laboratório para a igualdade. A linha de partida é a mesma para brancos e pretos, filhos do médico ou da faxineira. Sou capaz de atestar que é por isso que cubano de modo geral tem cognição. Enquanto na média brasileira há o analfabetismo funcional. Lá, o maior evento cultural é a Feira Internacional do Livro. Aqui é o Carnaval.

SHOW DO SILVIO RODRÍGUEZ

Os cubanos têm um senso incrível de gratidão

Não gosto de cumprimentar homens dando a mão, como manda o figurino dentro da boa educação ocidental. Se a pessoa estende primeiro, acato. Sendo sincera, prefiro até dar beijinho. O rosto, sei que ele não encostou no pinto e saiu sem lavar.

Mas sou tarada por mão. De homem. Acho sensual. Apressadamente, a premissa poderia ser de que não gosto de pinto, só de mão. Não é verdade. Assim como algumas mãos não me atraem o olhar, alguns pintos, não quero nem imaginar. Encasquetei que todos os homens saem do banheiro sem lavar as mãos. É isso que me obriga, depois do cumprimento de praxe, a sair correndo, na primeira oportunidade, para onde houver uma torneira. Não consigo evitar. Virou um TOC.

Atrás do palco, o frenesi de produtores indica que em minutos os músicos ocuparão seus lugares e o show vai começar. Vou assistir a um dos maiores do cenário musical cubano a metros de distância e estou eufórica. Há tempo que Silvio Rodríguez é minha *playlist* de todas as manhãs quando estou no Brasil. Naquele tempo, minha ocupação eram sempre os planos de voltar a Cuba, ainda que eu tivesse acabado de chegar. Envolvida com a música, o coração pulsa no ritmo e, na cabeça, os planos fluíam melhor, de uma forma que, a cada três meses, conseguia ficar um em Cuba. Silvio me colocava em movimento no Brasil e estar no seu show, em Cuba, era uma grande sorte.

O palco montado ocupa toda a largura da rua. De cenário, uma bandeira cubana é projetada. Toma todo o fundo e ilumina os instrumentos. Ao redor, em todas as sacadas dos prédios populares de cinco andares, as famílias que moram neles têm camarote privilegiado. Embaixo, a multidão. A programação divulgada com antecedência faz com que, além dos cubanos, os estrangeiros que estão na ilha, principalmente estudantes, possam aproveitar o show que Silvio faz de graça para o povo uma vez por mês em algum bairro popular e periférico de Havana. Cantar a sua poesia é a sua forma de contribuição para a Revolução.

Bem posicionada, em frente ao palco, fico de olho se reconheço transitando entre os músicos dois cubanos em especial. Anos antes, no metrô de Ipanema para o Leblon, eu e um amigo cubano ajudamos dois cubanos perdidos a se orientarem. Estavam completamente perdidos, e, ao conversarem entre si, percebemos a situação. Oferecemos ajuda, e eles contaram que eram músicos do Silvio a trabalho e não sabiam como voltar para o hotel. Fizemos amizade.

Olho para trás, um baixinho vindo em minha direção estende a mão. Ao lado, o outro (bem alto) está de mão estendida também. Eram os dois, que nos reconheceram — a mim e a meu amigo antes que os achássemos — e vieram ao nosso encontro. Os cubanos têm um senso incrível de gratidão. Mãos são apertadas rapidamente, abraços de despedida são dados, e então eles partem para os seus lugares no palco. Vai começar.

É uma lindeza dessa vida ser um pontinho no meio da multidão. Qualquer multidão. Protesto, passeata, comício, torcida, qualquer povaréu me diverte. Mas, num show, a vibração da música é puro encantamento. Gosto de observar as pessoas com suas camisetas cheias de escritos e engajamento político. Gente da América Latina inteira se mistura aos cubanos. Se fosse comparar, seria algo como uma festa da Achiropita de São Paulo com o Chico Buarque de graça no palco. A diversidade é linda, a música irmana e Silvio, compenetrado, não interage muito com a plateia. É seu jeito. Canta por mais de uma hora, mão ao violão, sem muito contato visual com a multidão, que conhece todas as letras. Tenho vontade de chorar por estar vivendo aquilo.

Na última música, meu TOC bate forte. Preciso lavar as mãos. As barracas de comida montadas nas duas calçadas com cheiro de frango assado atraem meu estômago igual a um ímã. Vejo a molecada sair com pequenas caixas de papel pardo. Dentro, *mouros e cristianos* e uma enorme sobrecoxa de frango. Fico enlouquecida, mas intrigada: o frango OK, mas como comer arroz e feijão sem talher? Com as mãos?

Começam os aplausos finais, Silvio deixa o palco. Faz parte da sua performance nos shows. Avancei para a frente a fim de dar a volta na multidão e garantir o rango que não me saía da cabeça, junto com meus dois *white people problems*: as mãos sem lavar e a carteira sem um talher. Num canto, atrás do palco, uma tenda iluminada, simples, meu zoião enxergou uma pia improvisada e um galão de água com torneira. Um senhor de costas para mim parece enxugar as mãos. Entro, sorrio e saco meu espanhol, bem alto:

— *Puedo lavarme las manos también?*

— *Oh, si, si, claro.*

Molho as mãos, e ele me estende a toalha. Agradeço, sorrio e saio. Meu amigo está apoplético na porta da tenda. Eu o chamo: "Vamos!". Ele me pega pelos ombros e grita no meu ouvido: "Era o Silvio! Você o pegou na saída do palco! Não reconheceu?". O que era para ser um show marcante na minha vida terminou sendo uma gafe horrorosa. Me restava a comida para aplacar a culpa.

Parei para observar como eles faziam e a criançada já estava ajeitada no meio-fio, traçando o rango. O cubano aprende desde cedo a dar jeito para tudo nessa vida. Há décadas que é costume entre os estudantes fazer do cartão de identidade escolar um excelente talher. Principalmente para dar jeito nas duas comidas típicas do país, a base do nosso invencível arroz com feijão: *mouros e cristianos*, ou seja, arroz e feijão-preto, e arroz *congri*, que é arroz com caldo de feijão-vermelho. O frango arremata o menu, igual em todas as barracas, e é vendido a preço simbólico. Lembro de converter e dar algo como um real e pouquinho.

Meu amigo sacou a sua identidade. Mais que depressa, lembrei da minha identificação da OAB, escondida no fundo da carteira, havia tempos sem serventia. Foi o melhor arroz com feijão da vida, traçado em grande estilo. Minha carteira da OAB passou a ser meu talher curinga desde então. Na fase da pandemia, quando a Coppelia servia sorvete só se levássemos o *tupperware* para tomar em casa, eu já saía tomando o meu com a carteira da OAB.

Hoje, quando ouço a *playlist* que me transporta emocionalmente para Cuba, rio sozinha do meu vacilo: como consegui enxugar as mãos na mesma toalha do Silvio Rodríguez e não roubá-la como suvenir?

¿QUÉ PASA, MUCHACHO?

Não me ocorre que, no Brasil, esporte é coisa de rico

Apesar do calor que inspira o colorido tão típico do Caribe, Havana tem uma aura azul. Depois de cair qualquer chuva, o ar fica mais límpido: é o meu momento predileto de sair de casa e brincar de avistar ao longe prédios e monumentos que são ostensivamente referências da cidade. O ócio perfeito.

Minha melhor referência é o Hotel Nacional; do outro lado, a Fortaleza Las Cabañas. Ligando os dois pontos, a avenida do Malecón frequentemente é fechada para provas esportivas, em especial mundiais de ciclismo, o que atrai os chamados atletas de alto rendimento de vários países. Como sou uma exímia desconhecedora da programação esportiva da cidade, volta e meia sou surpreendida na minha vadiagem por um batalhão que vem crescendo e, quando vejo, estou paralisada, no meio da pista de prova. Os fiscais sacam minha pinta de sem noção e me absolvem com sorrisos largos e acenos. Pelo menos é assim que entendo, e me achego. Entre um pelotão e outro, alguns desses ficais chamam para fazer amizade e vou me encostando por ali, perto também do pessoal da imprensa, e onde a vista da prova é mais emocionante.

O garoto que levanta a fita da contenção para eu passar para dentro do cercado está roxo. Cara de quem já chorou à beça, mas ainda tem uma barragem de águas nos olhos, pronta para escorrer. Se tem uma coisa que me comove é ver um garoto chorando; porque meninas choram sem pudor, enquanto os meninos são ensinados desde cedo que "homens não podem". Logo lembro: quando meu sobrinho (moleque) chorava, eu perguntava se ele era um homem ou um saco de batata. Invariavelmente, respondia "um saco de batata". E ria. Até hoje não sei o sentido disso, como se sacos de batata pudessem chorar e um homem, não. Mas com ele funcionava.

Num misto de curiosidade e instinto de tia, quero me inteirar e atravesso um atrevido *qué pasa, muchacho?* Uma mão num olho, com a outra ele me estende o que parece mais um emaranhado de barbante. Entendo que era o que fazia as vezes de um cadarço e arrebentou. Examino-o e, com cara de "o que é que tem?", automático, desvio os olhos para os seus pés. Os tênis estão um fiapo. Fica claro que aconteceu o imponderável, aquilo que estava alheio ao seu esforço não medido para estar ali, numa disputa mundial.

Sem conseguir continuar na prova, arrebentado também na sua autoconfiança, me conta, inconsolável, que tinha chance de pódio quando o cadarço se rompeu. Foi como se houvesse rompido uma veia de sangue ligando seu corpo ao pedal, e desabou. Lembrou do pai. Da mãe. Lavradores em Holguín, apoiam no que podem o desejo do filho em ser atleta. Dão, mais que tudo, o incentivo que só pai e mãe têm: suas bênçãos traduzidas na torcida mais desinteressada e, por isso, a mais potente, ele sabe. Mais triste por ter que contar ao pai sobre o cadarço do que qualquer outra coisa, não desgrudava do *maledeto*, moído. Num protesto silencioso, amarrou-o no pescoço, como uma medalha, para ter as mãos livres e apanhar a bicicleta.

Quase a ponto de pegar no colo aquele saco de batata, viro minha atenção para a sua bicicleta *speed* bem maneira, de carbono, coisa fina, que ele manobra quase com a ponta dos dedos. Súbito, fico intrigada: como um garoto da roça da província que não tem um puto de um cadarço pedala uma *bike* dessas? Pergunto: e essa *la poderosa*?*

Com o sol já quase tocando a linha do mar atrás de nós, andamos do Hotel Nacional até La Cabaña. Os dois incrédulos. Ele, cabisbaixo com a derrota. Talvez só a primeira das inúmeras que o moldará. Eu, com a sua *bike* e o sistema que a faz chegar até os pés de um garoto pobre, pobre, pobre de marré, marré, marré. Minha curiosidade atrasa um pouco sua passada larga, enquan-

---

* *La poderosa* era o nome da motocicleta que Che e seu amigo Alberto Granado usaram para viajar pela América Latina.

to tem que se virar para me explicar, agora já sem soluçar, que a bicicleta é do Estado. Que fica na sua posse todo o tempo para treinos e competições, até quando ele quiser treinar e competir. É sua *bike*, mas não é sua. Se desistir de ser atleta, terá que devolvê-la.

Digo a ele que o meu país tem 209 milhões de pessoas e não conheço nenhuma que tenha recebido uma bicicleta do governo para treinar e competir esportivamente. Ele me questiona o motivo. Não sei responder. Melhor: sei. Mas na hora não me ocorre que esporte, no Brasil, é coisa de rico. Pobre, quando muito, joga uma pelada em campinho cheio de mato e lixo nas periferias. Bicicleta é brinquedo que chega como presente de Natal, só para os filhos da classe média para cima. O saco de batata que conheci embaixo da tenda dos fiscais de prova agora se mostra um homem, calculo, de quase um metro e oitenta acomodados em parcos 16 anos. Os olhos verdes me olham com a dúvida se também em meu país não há cadarços para comprar. Lhe digo a verdade.

YO TENGO NOVIO CUBANO

Em Cuba, como em qualquer outro lugar do planeta, homem respeita território de outro homem

Havia esquecido que minha avó me ensinou a cheirar chuva. Ela cheirava tudo antes de comer. O que estivesse na mão, xícara, prato ou copo, era submetido ao seu filtro habitual. À medida que eu crescia, seu vício de esticar o nariz ao pedaço de bolo, café ou prato de arroz e feijão mais me incomodava. Percebia que só ela fazia aquela apreciação meticulosa das coisas de comer. O ritual deixou de ser uma característica com a qual eu estava habituada e virou um defeito. Vem daí o meu próprio vício, de revirar os olhos quando desaprovo algo. Automático.

Um dia, num ataque de inconformismo com aquela cheiração, rechacei seu crivo no sorvete. Dei chilique, ela assustou. De toda a cena que causei, guardei somente meu último esgar de criancice. Os olhos revirados. Mas lembro que não sofri remorso por renegar seu método particular de aferição da vida inteira. Que nunca incomodou ninguém. Só a mim. Virei a página. Mas reviro os olhos até hoje. E o aprendizado, na forma de singular epifania, me perseguiu até Cuba.

Apesar de não fazer nenhum frio, janeiro é oficialmente inverno em Cuba. É a estação das chuvas, quando os dias ganham o refresco do céu notadamente cinza. Os cubanos amam essa trégua que o sol caribenho oferece. Eu detesto. As precipitações meteorológicas parecem puxar o mar para dentro da ilha.

Da janela do segundo andar, olho as ondas gigantes subindo o Malecón, se esparramando no asfalto e tomando a avenida de um véu branco e brilhante. Não demoro. Tomo emprestada de Teresa uma capa amarela e vou tomar chuva ao meu estilo.

Entorpecida de alegria, minhas risadas espetaculosas me catapultam direto às enxurradas que eu fingia nadar — para o desespero da minha avó — nos verões chuvosos da minha infância. Súbito, deito na calçada. Braços abertos ao céu, dou por mim: sei cheirar a chuva.

Em transe, completamente possuída pela minha redescoberta, passo as mãos molhadas nos olhos encharcados. Um cubano de olhos sorridentes invade o meu quadro de visão. Assusto. *Una puñeta*. Havana é um dos lugares onde mais se nota o assédio à turista mulher, principalmente se sozinha. É uma abordagem respeitosa, mas incomoda pela quantidade. E uma mulher, de capa amarela, largada de prazer no Malecón interditado pelas águas, só pode mesmo ser turista. Olhei fixamente o intruso que, literalmente, parecia cair do céu e menti: "*Yo tengo novio cubano, la pinga!*".

O homem desapareceu. Rápido.

Em Cuba, como em qualquer outro lugar do planeta, homem respeita território de outro homem. Nas minhas idas e vindas da Ilha, fui aprimorando o jeito de descartar o assédio barato na rua por ser turista. Só me viro e digo *yo tengo novio cubano*. É mágico. Seja o tipo que for, bonito, feio, alto, baixo, magro ou esbelto, vira para trás no mesmo pé. Fica a dica.

Cuba continua me conectando a um passado que eu não mais lembrava ter ocorrido um dia. Cheirar o vento para saber se vem chuva ou, de repente, um galanteio que eleva a autoestima. Demorei muito para aprender quão apressadamente dispensamos acontecimentos casuais sem dar a chance de simples esbarrões se desdobrarem em singulares epifanias na nossa vida.

Aprendi. Desde aquela aparente queda do céu, o suposto intruso assediador não sai mais da minha vida. É quem administra as minhas dosagens de purpurina ou emerge de mãos dadas comigo do meu mar de dramas. Toda mulher que tem um sabe do que estou falando: é o meu melhor amigo gay. Caído do céu. Toda vez que vai chover, Ramon fica de guarda, assiste à minha presepada no Malecón e ri.

ELA CHAMA TERESA

Falar que Fidel adentrou
a colorida Havana de 1959 feito
um furacão é chover no molhado

A mim, encanta mexericar histórias dos outros. Na toada da fofoca, contada de mansinho ou sussurrada com os arremedos dos acontecimentos, é ainda melhor. Já estilo é finura de cada um. O clássico à meia-voz seguido de olhar os lados verificando a ausência da personagem protagonista é matreirice que não tenho.

Mas, em sendo a história dos outros, tenho o *know-how*. Aprimoro desde a minha primeira temporada de radioescuta atrás da porta, na casa da minha avó — dona do insuspeito título de sogra, para mim —, a fim de, abelhuda, ter novidade para contar à minha mãe — no caso e na época, gloriosa nora.

Na minha experiência, uma coisa não falha nunca: as histórias mais fascinantes são as que já espocam com nome próprio.

"Ela chama Teresa", repetiu a voz que ressoou atrás de mim, vinda do sopé de uma imensa escada lateral. O nome Te-re-sa envolveu todo o saguão, despontando no burburinho com ímpeto e exuberância.

"Ela chama Teresa" foi a resposta do porteiro da Embaixada do Brasil em Cuba, a quem perguntei quem era aquela mulher de cabelos negros e traços finos, trejeitos leves como os de uma bailarina, que, sozinha, me chamou com um aceno para entrar rápido no elevador, e a porta fechou.

Voltei com cara de quem perde o bonde e fui me achegando ao homem atarracado, mãos nos bolsos, parado na porta principal, feito um monumento colocado ao lado da escada, que foi logo me estendendo a mão e um dedo de prosa:

— Moça, Teresa está no segundo andar. Pode subir por esta escada aqui. Fale com ela e vai descobrir que ela gosta mais do Brasil do que nós dois juntos, que somos brasileiros. — E riu, sem saber que acabara de me jogar nas profundezas do meu *savoir-faire*. Me conheço: não sei ignorar um sorriso se o compreendo primeiro como senha, depois como convite. Sorri de volta ao Tony DeVito da diplomacia, e embalei no papo. Necessitava de mais elementos depois daquelas palavras-chave "ela-gosta-do-Brasil-mais-do-que-nós-dois-juntos-que-somos-brasileiros", e joguei a isca:

— Quem é ela?

Me rodeou, rodeou e mandou:

— Teresa teve dois maridos brasileiros.

Pulei a parte da senha e parti direto para o convite inspirador para uma boa duma fofoca:

— Como assim? Dois maridos! Brasileiros? Aqui em Cuba?

O *spoiler* acendeu minha curiosidade, mas eu não podia nem imaginar quão fortes ventos aquela mulher — que só podia ser filha de Iansã — já tinha atravessado.

Falar que Fidel adentrou a colorida Havana de 1959 feito um furacão é chover no molhado. Todos já conhecem bem a História. Os levantes que trouxeram a Revolução desde as matas da *Sierra Maestra* chacoalharam o curso de milhões de vidas, readequaram as cores do mapa político e, num plano bem particular, jogaram o Brasil na rota de Teresa. Como um karma.

Cada vez que penso nesse encadeamento de fatos do final dos anos 1950 me assombra a teoria contida na estória da borboleta que bate asas no hemisfério Sul e causa um ciclone no Norte. Quando Fidel, que seria vitorioso pelos próximos 57 anos, adentra Havana e Che, que logo seria imortal, descarrila o trem em Santa Clara, a bailarina de catorze anos é apanhada, em princípio, por tabela. Depois, é atravessada no curso da vida de dois brasileiros que chegaram a Cuba em épocas distintas, mas no mesmo redemoinho da história da ditadura que fez sangrar toda a América Latina. Teresa sofreu no íntimo o que estudamos nos livros de História. E não foi só uma vez.

Com a Revolução se consolidando como *case* de sucesso no meio de uma América Latina tomada de ditaduras da direita, guerrilheiros buscavam na Ilha o treinamento armado necessário para voltarem à luta nos seus países. Um deles, o marinheiro Edgard, conheceu e se apaixonou por Teresa. Casaram. Ela, na cabeça, o véu e a grinalda; ele, no coração, mais que tudo, a revolução que precisava ser feita no Brasil, a partir do Araguaia. Treinado, ele veio primeiro para o Brasil. Entrou pelo Uruguai, onde mantinha laços com Leonel Brizola, e com o nome Ivan começou em São Paulo uma vida clandestina como corretor financeiro. A promessa de Brizola era trazer Teresa mais tarde, quando a luta armada já estivesse mais avançada. O que, claro, nunca aconteceu. Edgard foi sequestrado e morto pelas forças da repressão do DOI-CODI, e até hoje é desconhecido o paradeiro do seu corpo. A história do Brasil atravessou a vida de Teresa por cinquenta anos, sem que ela soubesse mais uma vírgula sobre o jovem marido.

Na segunda vez, um furacão em forma de homem invadiu sua vida, de novo um brasileiro. Glauber Rocha já era o cineasta do Cinema Novo e, exilado em Cuba, conheceu Teresa, jornalista, no alvoroço do maior hotel de Havana, o Nacional. Casaram. Ela tinha no horizonte o sonho banal de uma vida normal. Ele, "uma ideia na cabeça e uma câmera na mão" — era outro revolucionário. Queria fazer a mesma transformação social do Brasil, só que, em vez de uma arma, carregava uma câmera. Foram viver na Europa, que efervescia naquele momento, epicentro do cinema mundial com Fellini, Bertolucci, Bergman, Godard. Penso que a união durou o tempo que a inteligência, a cultura e a sensibilidade de Teresa aturaram as loucuras do gênio baiano. Teresa ficou em Paris e Glauber seguiu, a cumprir sua biografia como lhe aprazia, loucamente.

Depois que voltou a Cuba, Teresa se casou com um pacato engenheiro cubano, Pepe; teve um filho, Javier. Mas nem por isso sua vida deixou de tocar grandes acontecimentos. Teresa estava em missão na Embaixada cubana no Panamá quando os *mariners* norte-americanos invadiram o país mais conhecido pelo seu canal e pelo chapéu — que é originário do Equador. Era 1989, e sob a sua mesa de trabalho, na hora do ataque, protegeu com o próprio corpo o pequeno filho do embaixador, um garoto de dez anos, idade do seu filho que ficara com a avó em Cuba.

Uma mulher com tanta vida para me revelar, era só abrir a boca e me extasiava com os acontecimentos dignos de cinema que tinham sido a sua existência. De tarde, sentava comigo a bebericar um café. Ela, na sua cadeira de balanço. Eu, ávida por mais um capítulo, me aninhava na poltrona à sua frente. Como sou do interior, a amplidão à beira-mar me espanta e, aconchegada na janela imensa do seu apartamento, enquanto a escutava, mirava aquele mar azul batendo no Malecón e pensava: que vida extraordinária tocou viver essa mulher! Queria ser ela. O mar deve incensar algo de muito sublime porque, pelas minhas contas, as pessoas mais extravagantes nascem ao seu lado. Teresa estava ali para provar.

Em alguns momentos ela me pedia para falarmos em português. Era visível seu encantamento pelo tom meio cantado da nossa língua. (E me ocorre o quanto Teresa amou e foi amada em língua portuguesa.) Nessas horinhas de distração, em que trocamos impressões do Brasil, o que me arrebata de admiração por essa mulher é a sua descomunal capacidade de sacar a beleza das coisas simples. Um dia, numa roda de samba no Rio de Janeiro, enquanto todos gingavam no ritmo, Teresa se liquefazia em choro. Me revelou que o samba a emociona com tanta força que não consegue segurar. Para ela, o samba é singular porque enaltece e poetiza os acontecimentos simples da vida. Teresa me apresentou uma lista de sambas que são filosofia pura. E me mostrou que, quando o entusiasmo é mesmo um deus que carregamos dentro de nós, seja um dia de Carnaval ou um de funeral, ambos têm que nos impulsionar a viver.

Desse dia em diante, para mim, enraizada no catira e na viola caipira do interior, o samba caiçara subiu de patamar. Também comecei a enxergar quanta coisa "foi um rio que passou em minha vida e meu coração se deixou levar", como o primeiro encontro com Teresa, que até hoje permanece comigo.

SEGUNDA PARTE

CRUZAS DA INCERTEZA

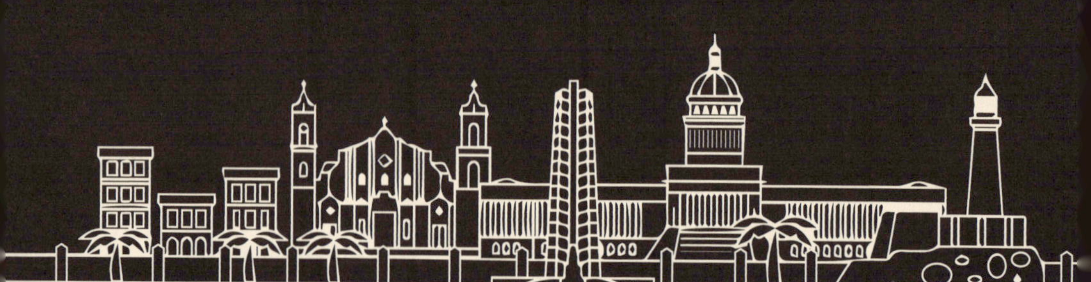

CINCO DIAS PRESA

Nona vez em Cuba, primeira durante a pandemia

~~Ler de novo *A Ilha*~~
~~Terminar de ler *Hereges*~~
~~Ler *Las Noventa Habanas*~~
Começar a escrever um livro sobre Cuba
~~Colorir Jardim Secreto com canetinha~~
~~Tomar Miosan para dormir~~
~~Desintoxicar das notícias do Brasil~~
~~Pensar menos~~
~~Não pegar covid~~
Limpar minha caixa de entrada com 5.123 e-mails não lidos
Organizar as fotos do meu celular em álbuns
~~Apagar fotos repetidas~~
~~Ouvir *playlist* de mantras~~
~~Escrever um diário~~
~~Fazer a unha~~
Ver TV
~~Não ver TV~~
~~Tomar banho de banheira~~
Não comer porcariadas
~~Pedir suco de goiaba~~
~~Rezar~~
~~Abrir as malas e separar o que é de quem: Marcia, Frei Celio, Teresa, Renata, Marcelo~~
Estudar espanhol
~~Testar Meu Perfeito, Sem Defeitos~~
~~Criar uma lista de afazeres~~

Durante a pandemia, passeio de bicicleta no Malecón. Máscara no rosto, enquanto a vacina estava a caminho.

Minha avó Maria Rosa, tão boa contadora de histórias que me inspirou a contar as minhas também.

Em Havana Velha, a tradução da história simbolizada no gesto e nas duas camisas.

Dirigir um clássico pelas ruas de Havana é um programa imperdível.

Qualquer passeio por Havana Velha pode resultar nesse encontro: um Che por toda parte.

Lys, minha companheira de pedal durante a pandemia.

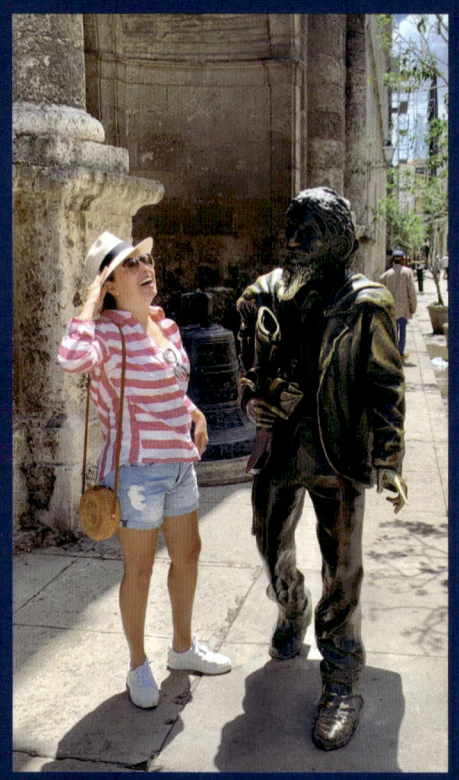

Passear por Havana Velha é programa que repito toda viagem.

O Cavalheiro de Paris, personagem histórico, cuja vida real nutre até hoje anedotas e mistérios.

Armazém de frutas e legumes muito comum em toda a cidade de Havana.

O Malecón é o maior sofá do mundo.

Minha avó e eu: depois que cresci ela continuou a me inspirar. 2007.

Ernesto, meu boxer tigrado, ganhou o nome em homenagem ao Che.

Escadaria do paladar La Guarida, que aparece no filme *Morango e Chocolate*.

Apartamentos para professores e estudantes na Escola Internacional de Cinema de Santo Antonio de Los Baños.

O cartão postal de Cuba, com o rosto do Che eternizado no prédio mais famoso da Ilha. Quase duas décadas de idas e vindas separam as duas fotos

Por toda Havana, a figura do Che é onipresente.

Passeio por Havana Velha, 2019.

Plantação de tabaco.

Fazenda de tabaco em Viñales.

O melhor charuto do mundo é cubano.

O estúdio do compositor Pablo Milanez.

Dois prédios icônicos de Havana: homenagem a Che e a Camilo Cienfuegos.

Meu primeiro charuto, em 2005, no bar preferido do escritor Ernest Hemingway.

Eu e minha amiga Victória, parceira das primeiras aventuras por Cuba, 2005.

Em Santa Clara, onde estão os restos mortais de Che Guevara.

Nos meus quatro meses presa em Havana por causa da pandemia, encontrar cachos de banana e poder levar para casa era uma alegria.

Eu e meu amigo frei Célio fazíamos caminhadas todas as tardes, durante os quatro meses de 2021 em que fiquei presa em Havana, com os aeroportos fechados.

Eu e minha amiga Renata, pelas ruas de Havana, maio de 2021.

Loja de souvenir em Havana.

Isabel e sua mãe Armina, durante a pandemia, me receberam em sua casa como se eu fosse da família.

Camilo, filho de Isabel, me dava carona enquanto fiquei presa em Havana por causa da pandemia.

Isabel e eu, às vésperas de minha partida de volta ao Brasil, junho de 2021.

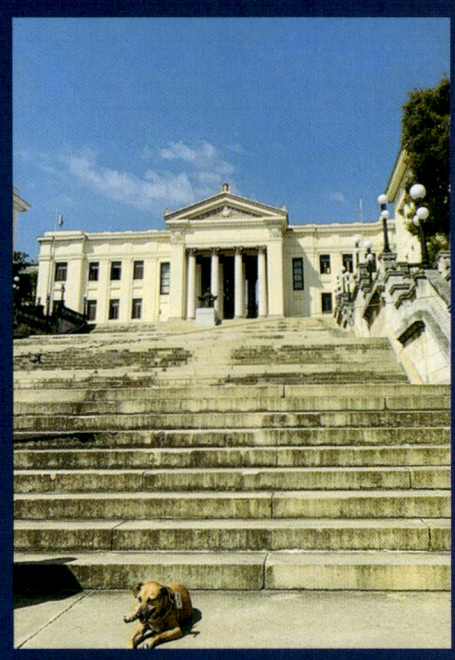

Em Cuba, existe Coca-Cola sim.

Universidade de Havana.

Na porta da casa do escritor Leonardo Padura.

O Malecón.

Passeio no bairro do escritor Leonardo Padura, 2021.

Impossível não se render ao azul de Havana.

A casa do escritor Leonardo Padura, na periferia de Havana.

Emilia (à dir.), seu neto Javier e Teresa, em 2005, quando da minha primeira vez em Cuba, complementou as revelações da minha própria avó.

Com Tilden Santiago (in memoriam), na época embaixador do Brasil, em Cuba. 2005.

Na 14ª Feira Internacional do Livro de Havana, 2005.

A caminho de Cayo Largo.

Caminhada por Havana durante a pandemia.

Lys dividiu comigo sua melhor amiga, Alicia, durante a pandemia.

Com minha amiga Márcia, que me acolheu, apoiou e me curou das minhas ansiedades durante a pandemia, 2021.

O cotidiano de calma em Havana durante a pandemia, 2021.

Final de tarde no Malecón era o programa diário durante a pandemia, 2021.

Os carros antigos são um fascínio para mim desde a minha primeira vez em Cuba.

Cartaz souvenir lembra o tom político histórico da Ilha.

As praias de Cuba também são atração, para além da história da Ilha.

Cartões-postais com fotos icônicas de Fidel e Che à venda para turistas.

Victória e eu em viagem pelo interior da Ilha em 2005.

Juana Agrispina, *mi mamá cubana*, na minha despedida, em 2021.

Com Lys e Pipo, meus irmãos cubanos.

Parada obrigatória em Havana Velha, La Bodeguita del Medio tem o mais famoso mojito do mundo.

Com May e Isabel, que me apresentaram o melhor da música cubana.

Walter e Susana, meus vizinhos durante a pandemia.

Passeio por Havana.

Cotidiano das ruas de Havana.

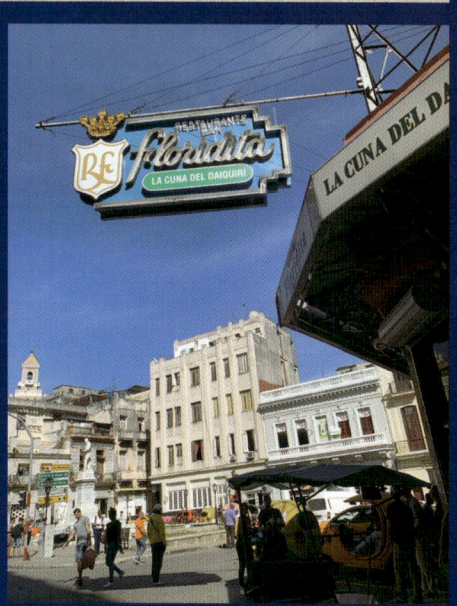

O histórico Floridita, santuário do daiquiri imortalizado por Hemingway.

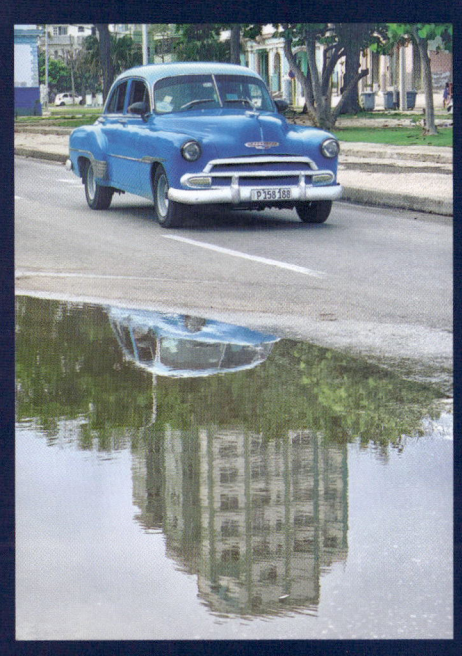

O carro clássico, patrimônio do país, encanta turistas.

Rua de Havana Velha.

O colorido de Cuba é por si só uma atração.

A comida cubana me encanta.

Memorial da Denúncia, um museu para entender a história recente de Cuba.

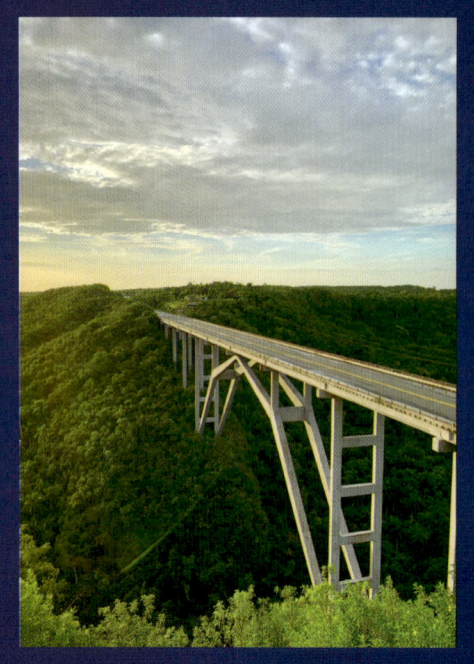

Puente de Bacunayagua também é atração para quem não abre mão de conhecer as praias de Varadero.

A calmaria das ruas somada à beleza do antigo.

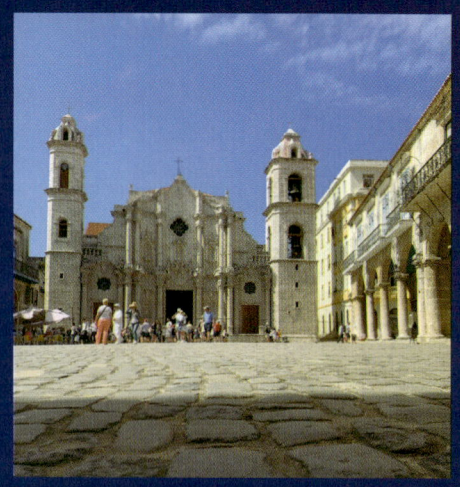

A Catedral de Havana foi construída pelos jesuítas, entre 1748 e 1777

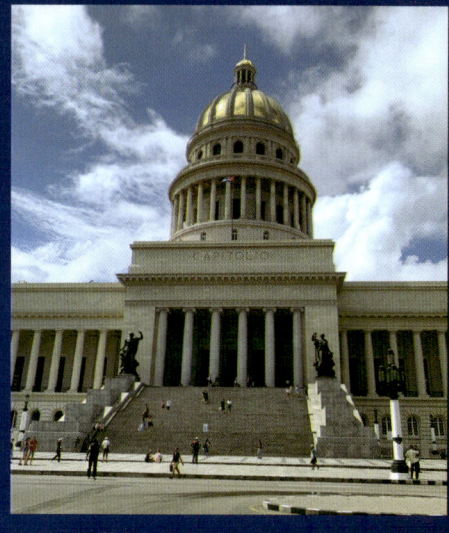

O Capitólio: foi sede do governo até 1959, passou por restauração e atualmente é sede da Academia de Ciências de Cuba.

Dia 1

Escolhi o Hotel Capri. Por mais 100 dólares, ficaria no Meliá. Mas a comida seria a mesma, e o Capri tem localização mais central. (Como se eu pudesse sair e voltar caminhando.) Da janela imensa de vidro transparente avisto o lado norte de Havana. Não vejo o mar. O quarto é grande, a TV é média e a minha ansiedade é imensa. Sentada à mesa de fórmica branca onde faço a primeira refeição, só avisto telhados. À esquerda, uma linha grafite vai sumindo até encontrar uma mancha verde-musgo que a ausência dos meus óculos faz presumir serem árvores duma praça ao longe. O sossego da rua passando dez andares abaixo, sem carros e sem gente, me manda para a cama ao lado, meu poleiro e meu conforto nos próximos cinco dias. Cin-co-di-as.

Nem olho para as malas. Se tem uma coisa que tenho, é tempo para procrastinar coisa chata de fazer. Passo o dia pelada. Não preciso de roupa nem para apanhar as refeições, que são entregues na porta por uma mulher de olhos sorridentes e duas máscaras, vestida igual a uma astronauta. Para pegar a bandeja, quando ela toca a campainha, só coloco máscara e me enrolo numa toalha. Sorrio, agradeço e a espio avançando com o carrinho apenas com mais uma bandeja até o próximo quarto, no outro corredor. Somos só dois hóspedes neste andar inteiro, ela me disse ao deixar o café da manhã. Ovos mexidos, café com leite, iogurte, pão, abacaxi e um bolo duvidoso. Não comi o pão porque não quero comer muito carboidrato e não queimar, já que vou ficar deitada o dia inteiro. Estou curiosa para saber quantos somos no hotel. No jantar, se for ela, vou perguntar. O aeroporto está aberto faz só três meses, desde novembro passado, mas no meu voo não havia turistas. Apenas estudantes estrangeiros, diplomatas e os próprios cubanos de volta ao país.

Já é almoço. O pescado é farto e saboroso, com arroz e legumes salteados. De sobremesa voltou outro pedaço do mesmo bolo duvidoso do *desayuno*. Se bater a larica, como à tarde. O suco de goiaba também está maravilhoso. Estava com saudade.

Passo o dia conectada à internet. Meu mais novo melhor amigo, Marcelo, médico brasileiro formado em Cuba, de onde estava hospedado e do seu próprio celular, colocou dez dólares no meu chip cubano. Usei sem dó. Vou me arrepender disso se continuar nesse ritmo. Me desintoxicar das notícias do Brasil é meta. Sobrevivência.

A enfermeira apareceu duas vezes para medir minha temperatura, às 13 e às 19h. Normal. Simpática. Quando abri a porta, me saudou: "*Hola, mi vida*". Me derreto quando ouço isso, de quem quer que seja. Acho que até Fidel saudava assim, mesmo àqueles que ele mandou pro *paredón*: "*Hola, mi vida. Hola, mi amor*". Bang Bang. É o cumprimento nacional, e eu adoro.

Banho. Tomei um Miosan com suco de goiaba. Dormi sem escovar os dentes e com a toalha molhada na cabeça. De madrugada, acordei e pensei que tinha feito xixi na cama.

Dia 2

Café com leite, dois ovos fritos, linguiça, dois tipos de pão, salada de frutas, iogurte, suco de goiaba (eba!) e o mesmo pedaço de bolo duvidoso. Dei a primeira mordida com desconfiança. Comi inteiro. Acho que subestimei a sua aparência. Ou estou ficando carente aqui, isolada. Comi os pães também. Não consigo ler mais que duas páginas e voo para a internet. Caiu a minha quando acabou o meu crédito de dez dólares e tive que colocar mais. Não dá para continuar gastando cem reais por dia de internet, né, fia?! Notícias de casa: tá tudo bem, ninguém com covid. Outra enfermeira passou duas vezes para medir a minha temperatura. Ela não sorriu nem me chamou de *mi vida*. Tô carente: já tinha me apegado à primeira.

Tomei um Miosan para dormir. Dormi sem tomar banho. Sem sair dessa cama, tô limpinha. Acordei de madrugada e fui tomar banho. O Miosan é fraco diante da consciência do banho não tomado. Dormi de novo e só acordei com o telefone tocando. A pessoa queria me oferecer o *desayuno*. Eram quase 10h. Tá chovendo. Nem da janela Havana combina com chuva.

Dia 3

Acordei cedo. Gosto de olhar pela janela. A cidade ainda dorme, escura, mas já sei que vai passar o dia, apesar de clara, silenciada pela pandemia. O café na porta chegou igual ao de ontem. Só muda a cor do iogurte. Hoje é cor-de-rosa, mas o gosto igual ao branco de ontem e igual ao de anteontem. O dia passou rápido. Consegui ler mais, dormir mais, relaxar mais e pensar menos. Ouvi mantras e rezei igual minha avó ensinou: "Ave Maria, cheia de graça...". A enfermeira simpática do primeiro dia voltou hoje. Temperatura normal, "*mi amor*", ela diz. É a única pessoa com quem tenho contato. É a primeira vez na vida que atravesso dias absolutamente sozinha. E estou amando minha própria companhia, convicta de que sou eu mesma a minha melhor. Acho que isso chama liberdade. A enfermeira me interfonou para dizer que o exame PCR que fiz no aeroporto deu negativo. Ufa! E que devo repetir daqui a dois dias para poder sair do hotel. Meu cérebro já está compreendendo o palito que me enfiam pelo nariz como uma carícia, dada a quantidade de exames que estou fazendo desde que saí do Brasil. Já são quatro até aqui, e farei mais um.

Dia 4

Café da manhã igual. O melhor são os ovos fritos. Hoje tinha a opção de suco de mamão, e adorei a descoberta. Acordei com ânsia de saber as notícias de casa. Tá tudo bem. O número de casos de covid está absurdo de alto. Hoje, vi na rede social que meu amigo de escritório perdeu a filha de 33 anos. Semana passada, perdeu o filho de 36. Não sei o que dizer a ele no WhatsApp. O Brasil está dividido entre a turma que pode trabalhar de casa e a turma que não pode. Os que não podem estão morrendo mais. Desde que saí do Brasil, há cinco dias, a covid piorou muito rapidamente e fechou São Paulo. As imagens das ruas desertas são assustadoras. Parece filme. Estar aqui confinada não está ruim como poderia parecer. Me sinto segura. Privilegiada. Tomei um banho tão demorado que fiquei cozida. Li na cama, li à mesa, li no chão. A cada quatro páginas vou ao WhatsApp com ânsia. Medo de receber más notícias de casa. Mas tá tudo bem. Amém. De almoço pedi pescado com legumes salteados, igual a ontem, anteontem e antes de anteontem. Dieta equilibradíssima e deliciosa. Não enjoo. Tomei mais um Miosan para dormir.

Dia 5

O prazer do sossego que mora nas pequenas coisas como um café da manhã com café com leite, pão, ovos fritos, linguiça, bolo, gelatina, salada de frutas com abacaxi, goiaba e pêssego é algo que quero levar para a vida daqui por diante. Essa noite sonhei com Ernesto. Sonhei que ele chegava no portão com outro boxer tigrado igual a ele, e eu, entendendo ser seu filho, recolhia para dentro. E ele chegava com outro e mais outro, e eu ia recolhendo todos. Acordei com ele me olhando. Não deu tempo de abraçá-lo. Chorei. Não sinto saudade de ninguém que já morreu. Só do Ernesto. Havana está ensolarada, e o céu azul de novo. Meu segundo exame PCR foi colhido às 10h30 pela enfermeira a quem que me afeiçoei. Estou segura de que o resultado será negativo. Estou ansiosa para ver Havana. Rezei. Reexaminei a lista do que tinha para fazer nestes dias de isolamento absoluto. Para fechar a estadia, pedi pescado. Acho que poderia comer esse pescado com legumes para o resto da vida. Leio no Facebook do Fernando Morais que "discretamente, sem eventos hollywoodianos, Cuba vai chegando perto de ter sua própria vacina da covid". No Brasil, nada, nenhuma ideia de vacina. O mundo está parado no aguardo disso, meodeos. Tem chovido essas madrugadas. O barulho aninha meu sono.

TURISTA CONTROLADA

O tempo me engana quando
estou em Havana

As ruas do Vedado são calmas. Os dois lados são bem arborizados e oferecem uma profusão de sombras. Embaixo dos flamboyants gigantes que alaranjam em flor, ficam mais carros estacionados do que a trafegar. Só isso já faria desse cenário uma inspiração eloquente para qualquer tela com o título *Sossego*, mas a paisagem ganha ares de uma calmaria singular pela quantidade de idosos que caminham neste lugar. O vagar deles, atinente à idade, me toca. Inserida nessas sombras, uma sensação de quietude me toma inteira, e tanto que me amenina.

Era na busca desse maravilhamento de ameninar-me que todas as tardes, quando a maioria dos cubanos começava o desfrute da *siesta*, única herança que presta deixada pelos espanhóis, eu me enfiava nesse quadro *à la* Hopper. Mochila às costas com duas garrafas d'água dentro, me punha a ziguezaguear entre as calçadas largas, de sombra em sombra, brincando de esconde-esconde do sol sempre abrasador.

Cada passada era premiada com um deslumbramento a mais. Ora um casarão, ora uma árvore centenária, sentia como se voltasse a ter dez anos de idade. Aquela época da vida em que o tempo é manso e a gente se espanta com a grandeza de coisas comuns. Coisas com que ninguém se importa: um formigueiro aqui, uma mangueira gigante balançando mangas maduras ali, uma nuvem de formato inusitado acolá.

O meu caminhar por essas bandas do Vedado era como voltar a ter olhos para coisas assim, que me deslumbravam quando criança e das quais eu não sabia que ia sentir saudade. Uma espécie de prazer da solidão que só sente quem aprendeu a brincar com seus próprios botões, capaz de descobertas que só deslumbram quando se gruda o olhar com oportunidade de admirar. O tempo me engana quando estou em Havana.

Contei nos dedos: era meu vigésimo nono dia na ilha. Sem ter a menor ideia de em qual data ia poder voar de volta ao Brasil, era necessário renovar meu visto por mais trinta dias. A regra é renovar a cada trinta dias, num limite de três meses, mas a pandemia ainda comia solta no planeta e poderia exigir mais tempo. Isso me afobava. Uma coisa é o prazer de estar em Cuba, em descobertas pela ilha; outra é estar presa sem o menor controle de escolher a data para voltar para casa, ajeitar a vida doméstica para, em seguida, voltar a Havana outra vez.

Havia marcado de encontrar Lys na frente do casarão branco que abriga o setor de Imigração. Como eu não falava espanhol, sua presença facilitaria a explicação de eu ser a única turista perdida em Cuba naquele momento. Com a despreocupação de quem deduz que vai apenas apanhar um carimbo, cheguei sem supor que o meu melhor "modo contemplativo" estava prestes a ir para o beleléu.

Sem entender o que se passa, observo na porta a Lys rodando a baiana com a agente da Imigração. Relevei. Os cubanos são dramáticos. São como os italianos, só que do hemisfério Sul. Ela me apontava e fazia um carnaval. Me indicava de novo e sapateava mais um pouco.

Para a renovação do visto, como em qualquer país, em Cuba a exigência é apresentar também a renovação do seguro-saúde. Preocupada com a minha permanência obrigada pelo fechamento dos aeroportos, Lys argumentava com aquela comissão de frente da papelocracia que eu não tinha dinheiro para isso. Que era obrigação do governo cubano me dar assistência se fui pega pelas medidas sanitárias. Afinal, não estava parada em Cuba por meu querer — mas, no meu íntimo, queria, sim. Àquela altura, não importava se eu tinha ou não o dinheiro para saldar a burocracia, só pensava que não podia desmentir minha inflamada advogada de defesa. Me fiz de besta.

O cubano de calça social e camisa de algodão, encostado na estátua do Cavalheiro de Paris, não passa os olhos por mim. Vira-se, mexendo na chave do carro. Só que, no movimento ensaiado de não me ver, me abaixo e caio no canto do seu olho esquerdo. É meu momento de fingir que também não o vejo, e parto para o ato automático de amarrar o tênis. Na porta da pizzaria há meses fechada pela pandemia, outro, mesma pinta. Trocam um tácito "*dale*" enquanto meu rabo de olho ainda alcança os dois entrando no sedan branco. Não quero passar os olhos na placa, mas reparo que o carro é frota nova. Polícia.

Desse acontecimento em diante, preferia ter um oxicodona para engolir na mesma hora, a seco.

Atendo uma chamada: *clec.* Meu *hola* é entrecortado pelo ruído característico de escuta. Ao fazer um telefonema, o *clec* também é audível. Baixa uma Glória Pires em mim, e aproveito minha interlocutora para encenar a normalidade dos meus dias de turista parada em Cuba, aquela bem inofensiva e alheia, que não tem a menor ideia de quando vai ser possível voltar para o Brasil. Efusivamente, respondo a todos que está tudo bem; que estou com sorte de estar em Cuba enquanto no meu país as pessoas estão morrendo de covid, sem oxigênio, sem socorro, sem vacina.

Os *clecs* passam a ser uma espécie de interlocução minha com a polícia, minha escuta, quase confidente. Passo a telefonar para outros amigos e me despeço de todos, fervorosamente, com um *Viva la Revolución*, verdadeiro, mas um pouco jocoso para uma turista. Só queria que a polícia a me escutar não pensasse em qualquer risco oferecido por mim à soberania da Ilha que estava me acolhendo num momento mundial tão grave. Podiam até pensar em terem *una brasileña* louca, mas uma louca não sendo espiã ianque já estava de boas para mim.

Depois de disparado um gatilho de ansiedade, nada pode ser pior do que a chegada, irrefreável e simples, da noite.

Lys, minha anfitriã, sumida.

Atravessei a noite acordada, parecendo um boitatá, certa de que todo o aparato de Inteligência e Contrainteligência cubano estava no meu rastro. Mentalmente, formulei uma lista de possíveis cagadas que pudesse ter cometido: fiz câmbio de dólares por pesos cubanos no paralelo, menti na Imigração que não tinha dinheiro para pagar o seguro-saúde, ouvi (e concordei) críticas pesadas de cubanos descontentes com o sistema fodido da economia deles, tramei com outros algumas viagens para fora da Ilha... Juntando tudo, pelas minhas contas noturnicas, dava uns trinta anos de prisão.

O habitual cheiro do café coando na cozinha me põe de pé. Às 9h, tinha que estar no Ministério do Interior para uma entrevista e, se tudo desse certo, sair com meu visto renovado. Era a ordem natural. Ou presa.

No trânsito chocho até o Ministério do Interior para a entrevista de renovação do visto, fui repassando toda a minha tortura da noite: como explicar meus crimes cometidos...

Primeira pergunta: Quem a senhora conhece em Cuba?

Dou os nomes. Uma dúzia, mais ou menos.

O oficial sai da sala. Fico sozinha, tentando fingir calma. Mas meus olhos não sabem se comportar e descambo a chorar, suspeitíssima. Foda-se a valentia, sou cagona mesmo.

Devem ter-me observado pela câmera, e meu estado deplorável traz para a sala quatro oficiais. A única mulher do grupo me estende um papel que devo assinar. Me recuso. Argumento que não falo espanhol e ali parece estar escrito que podem me expulsar do país. Nem consigo imaginar como, se todos os voos estão cancelados por causa da pandemia. Entre eles a conversa se embola, mas parece que um, o mais baixinho, com mais estrelas nos ombros verde-oliva, manda mais. Ordena que o acompanhem.

Minutos que confundo com milênios depois, só a moça retorna. Na mão, o papel com o carimbo: "Turista controlada". Educada, me explica um tanto de coisas das quais só compreendo que tenho de comparecer na Imigração a cada trinta dias. Deduzo que algo está errado. Sem escolha, assinto e saio abanando o papel. *Dale!* No caminho, encucada com o novo status, desvio do colosso de concreto na beira do Malecón, sede da Embaixada dos Estados Unidos. Não passo nem na calçada. Essa noite atravesso entre cochilos, numa montanha-russa com descidas alucinantes ao que temo ser o submundo dos departamentos burocráticos comunistas. Estão na minha cola.

De novo, o cheiro do café sendo coado é o chamariz para a vida fora do meu quarto. No primeiro gole, compartilho com Lys meus medos e/ou alucinações. Ela gargalha enquanto aquece o pão e frita um ovo. Vira-se, aproxima o prato dos meus olhos para eu conferir a gema mole e adverte, com propriedade: *"Malucita, tranquila, mi amor!* Se tivesse alguma coisa, você já estaria presa, *mi niña..."*.

Só depois de compreender meu estado de medo lastimável, Lys me revela que também ficou assustada com o meu status de turista controlada e sumiu da minha vista exatamente para empreender sua investigação particular a meu respeito. Lys tem os seus contatos ilha afora e foi pessoalmente atrás de um desses estrelados no ombro. Por um momento, lhe ocorreu que poderia ter problemas caso estivesse acolhendo "uma espiã" em sua casa.

O quebra-cabeça estava se formando.

Naqueles meses, um movimento de jovens artistas de oposição ao governo, chamado San Izidro, formado nas proximidades da rua que leva o mesmo nome, em Havana Velha, fazia barulho, ganhando notoriedade e apoio de fora da Ilha. A face mais conhecida era do dramaturgo Yunior García, e o meu sobrenome acendeu um alerta. Era notório que o movimento recebia financiamento de fora de Cuba. E, afinal, qual era a explicação para uma brasileira ter estado nove vezes em Cuba e, desta vez, sem dinheiro para uma mísera renovação de seguro-saúde? Alguém da burocracia levantou a lebre.

Uma romaria de amigos se fez até a minha casa, a fim de me tranquilizar. O governo cubano não tinha nada contra mim. O status "controlada" era apenas uma proteção. Até o dia da minha partida de volta ao Brasil, qualquer intercorrência de saúde correria por conta do governo. E também não mais precisaria renovar visto, permanecesse no país quanto tempo fosse necessário. Uma convidada de honra, em plena pandemia.

Três meses e algumas outras aventuras depois, ao sair de casa rumo ao aeroporto para voltar ao Brasil, parei na calçada. Fingi que amarrava o tênis pela última vez. Ainda abaixada, pisquei e mandei um beijo no ar para o cubano encostado na estátua do Cavalheiro de Paris. E vazei.

FRUTINHAS VERMELHAS

O pânico é uma coisa inenarrável.
O estupor entra varando primeiro o
peito e, súbito, abalroa a cabeça

Tenho poucos medos. Topar com uma lagartixa talvez esteja no meu *top ten* do apavoramento. Cada mulher tem seus "medos bobos e coragens absurdas". Bicho que rasteja, tenho pavor. Parir, é absurdo. Mas, em mim, a coragem de viajar é tão ancestral quanto procriar, e eu fui para Cuba em plena pandemia.

Já contávamos milhares de mortos, *lockdown* desmobilizando e apagando quase todo o planeta, e a ciência mundial ainda fazia só promessas de uma vacina salvadora. Mas, como a gente sempre acha que com a gente não vai passar nada, contra todas as recomendações sanitárias, eu fui.

O pânico é uma coisa inenarrável. O estupor entra varando primeiro o peito e, súbito, abalroa a cabeça. Nunca caí fisicamente em um buraco profundo, mas mentalmente a sensação é de queda livre num abismo sem fim. A ideia de subir igual uma aranha sobe pela parede parece ser a única ação passível para fazer passar a coisa ruim. Lancinante, com a mesma rapidez que se instala também vai embora. Depois, na calma da prosaica racionalidade com que todo ser humano vem equipado de fábrica, fica a pergunta sem resposta: era medo de quê?

Eu, que a vida inteira pensei que essas coisas eram fricote de gente fraca, tive que engolir meu conceito totalmente furado. Fui agraciada com a modalidade CID F41.0* em plena pandemia e presa em Cuba. A angústia de sentir o medo irracional de simplesmente estar viva me inaugurou em várias buscas: florais, ioga, meditação, reza e caminhadas sem destino. Em cada uma, o que me salvava não era a prática sem si. O que me salvava do meu inferno particular era a pessoa que me acolhia com o seu mais demorado abraço, me revigorando para a caminhada de volta à

---

* CID é a sigla de Classificação Internacional de Doenças. F41.0 é o código para Ansiedade paroxística episódica, o mais grave transtorno de pânico.

razão de que o medo que sentia não era real. Depois de cada crise, a pergunta sem resposta — pânico de quê? —, tão inconclusiva quanto ampla: de tudo e, depois que passa, de nada. Evapora.

Uma dessas pessoas me esperava todas as tardes no banco ao lado da estátua do John Lennon, no parque que é o coração do Vedado. Era a Renata, uma artista sonora e contadora de estórias de São Paulo, residente em Havana há anos. Foi pega de surpresa pela pandemia, como o resto da humanidade, e fizemos amizade por meio de um grupo de WhatsApp formado por brasileiros que vivem em Cuba. Puro acaso, ela escreveu no grupo restrito que precisava de um prosaico remédio para enxaqueca. Respondi que tinha uma cartela e coloquei imediatamente ao seu dispor. Foi amizade à primeira Neosaldina, e passamos a caminhar juntas por Havana.

Nos encontrávamos na esquina 17 y 8 e saíamos falando da vida. Terminávamos quase todos os dias nos fazendo um mimo: parávamos para comprar um pedaço de bolo de chocolate em uma doceria que fica ao lado da Aliança Francesa. Era nosso atalho para atravessar o mar de medo bem real de contrair covid — e morrer — longe de casa.

Eu era a mais dramática. Engolia o bolo de chocolate e lambecava todo o rosto, enxugando as lágrimas com o mesmo guardanapo que vinha de embalagem. Entre um bocado doce e o soluço salgado, estava Renata a me persuadir e resgatar minha consciência do abismo em que eu me metia quando acordava em crise e não sabia do que sentiria medo naquele dia.

Contando estórias e me fazendo treinar exercícios mentais, ela lançava uma corda para eu me agarrar, me puxando para fora do meu abismo particular. O exercício de encontrar e colher frutinhas vermelhas naqueles dias foi o que me salvou.

A estorinha é simples, mas de uma sacada incrível. Por isso mesmo me atraquei a ela e converti a moral da estória em prática diária:

Um homem vinha por uma estrada, e, súbito, chegou uma tempestade, tomando conta do lugar. Parado, sem saber o que fazer, olhou para a frente e só avistou um indizível abismo. Um passo, e cairia, morto. Resolveu então olhar para trás. Ali, às suas costas, um imenso dragão cuspia fogo, como no apocalipse. Um passo, e seria devorado pela besta-fera. Foi então que o homem olhou para cima e viu umas poucas e pequenas frutinhas vermelhas. Esticou as mãos e passou a pegá-las, uma a uma, sabedor de que era preciso dar a elas uma importância que ele não daria em dias de fartura e calmaria. Enquanto não conseguia se mover nem pra frente nem pra trás, encontrar e apreciar aquela frutinha vermelha o salvaria. Até que o abismo cessasse ou a besta fosse embora.

Assim eu fiz.

Buscava encontrar uma situação ou um acontecimento que pudesse eleger como a minha frutinha vermelha do dia e dedicava a isso atenção, cuidado e gratidão. Fazia ou participava consciente, celebrando o momento com a lucidez que só a calma no fazer — ou participar — pode proporcionar. É um exercício para sair do automático. Precisava dele para reaprender a dar valor às coisas simples. No final da noite, podia fazer um balanço mental e eleger a frutinha "do dia". Logo, teria uma lista delas.

Num dia, minha frutinha vermelha era tempo para uma leitura sentada no parque; noutro, o convite para uma volta de moto em Miramar, tomando vento na cara, enquanto todo o planeta passava por severo *lockdown*. Ainda noutra vez, a frutinha podia ser o luxo de um café da manhã com ovo frito, frutas, leite e mel, bem apreciado em companhia de alguém que acordava alegre e me fazia rir da minha condição de presa, sem data para voltar para casa.

Fui aprendendo, então, a enxergar os pequenos e prosaicos acontecimentos do dia a dia como algo a ser celebrado, com atenção. Tive tempo para observar que, mesmo quando somos arremessados ao meio de um furacão, o simples do cotidiano continua ali, com sua beleza, importância e graça. Mas é certo também que é sempre preciso haver alguém, dono de leveza suficiente, capaz de nos entusiasmar a acionar nosso esforço próprio para enxergá-lo. Ao me contar sobre as frutinhas vermelhas que posso tocar no meu dia a dia, Renata me fez ver meus próprios monstros com o olhar de quem, se não quiser, não está obrigado a enfrentar. Não a todo custo. Às vezes carece apenas esperar que o tempo, sozinho, dê conta deles.

A besta-fera da pandemia perdeu a eleição no Brasil, em 2022, e o abismo da minha situação de "controlada" também se dissipou. As frutinhas vermelhas que colhi em Cuba naquele período de quatro meses me sustentaram.

EU, MASSAGISTA

Varamos a noite ali mesmo,
inebriando nossas dores

Esfreguei as mãos, num ágil bailado de dedos. O óleo despejado em excesso nem escorreu; esparramou sua viscosa calma natural, fazendo um punho roçar o outro e impor às mãos uma solene valsa, espargindo no ar a essência de laranja doce que, súbito, perfumou toda a sala de Dainerys.

Eu já tinha cuidado para que seus olhos ficassem levemente vendados e os ouvidos com os fones na *playlist* de um solo de violão, sons de cachoeira e pássaros de fundo. Último toque, o cheiro de laranja doce era para cair como uma explosão nos seus sentidos. E caiu. Pude ouvir sua aspiração profunda, como se tentasse segurar dentro dos pulmões para sempre aquele bálsamo de calmaria que eu acabara de lhe oferecer.

Deduzi certo.

Minha primeira cliente estava completamente arrebatada para o momento da sua massagem, agendada desde a véspera, quando nos pusemos sentadas por horas na varanda da casa de sua mãe, em Miramar. Sem trocadilho. A ideia era apenas olhar o mar, mas Dainerys não relaxava, abduzida por dores crônicas nas costas. Ora molhando o charuto, ora molhando a garganta, quase nove da noite secamos uma primeira garrafa de rum. Às 21h em ponto, eu sabia, dava o toque de recolher e já não se podia transitar pelas ruas, medida imposta pelo Ministério da Saúde para conter o número de contágios por covid. Então, preguiçosa de voltar esbaforida para o Vedado, lhe prometi ajuda. Desde que ela conseguisse a segunda garrafa de rum.

Varamos a noite ali mesmo, inebriando nossas dores: a dela, física, a minha, do espírito, pelo deslocamento de sete mil quilômetros do meu país, onde a pandemia estava matando milhares de pessoas por dia. Sentimento de não pertencimento. Dúvida se conseguiria construir uma nova Havana para mim que não a turística, completamente fechada.

Aos prantos, bêbadas, cada qual engatando sua dor no som *repeat* de "Vidas Paralelas" da Liuba María Hevia, prometemos que cuidaríamos uma da outra nesse tempo raro que nos tocou atravessar juntas. Eu, longe de casa demais. Ela, dentro de casa demais.

Dainerys era minha vizinha no Vedado e, creio, compadecida daquela *brasileña* presa há meses ali pela pandemia, da sua janela passou a me cumprimentar todas as manhãs com um sorriso. Eu respondia, alegre, com o meu espanhol desavergonhado: *"Buenos dias, vecina!"*. Se pela manhã meu ritual era abrir as cortinas escuras da sala e ver o baque mágico do sol entrando casa adentro, à tarde passei a sair no balcão com a desculpa de recolher as roupas no varal, mas o que eu buscava mesmo era espiar se a chegada dela do trabalho vinha acompanhada do convite para um *traguito* de rum na varanda de sua casa. O lugar era bem ventilado, e, portanto, não infringíamos as rígidas normas proibindo aglomerações. Me acolheu. E assim eu a esperava chegar para olhar do outro lado da rua e avistar seu chamamento: *"Maluuuu, venga, venga!"*.

Segurando o óleo nas frestas dos dedos, parti do meu aquecimento particular para a pegada propriamente dita. Ritual caprichado de aquecimento, feito com tanta propriedade que ao primeiro toque incorporei o ofício: espalmei as duas mãos nas suas escápulas e iniciei minha dança. Movimentos circulares em sentido horário, mais óleo, e um malabarismo adicional nessa hora, pois que um cuidado essencial é que, iniciada a sessão, em momento algum o corpo massageado pode ficar sem o toque da massagista. Não pode haver hiato. É como o silêncio no rádio ou, mais atual, no *podcast*. Ainda que de poucos segundos não pode haver, senão grita. Na massagem, é o mesmo. Se o massagista suspende o toque das duas mãos ao mesmo tempo, gera-se um vazio que pode arruinar a concentração e a energia reunidas até ali. Dispersa.

Com uma mão, ampliei o círculo do toque e pus-me a desafrouxar a tampa do vidro, desta vez com a boca. Com a outra, despejei mais óleo e fui ampliando o círculo, friccionando até a lombar. Esquadrinhei a área de pedacinho em pedacinho, como faço com meus desenhos de colorir, e fui pintando mentalmente com movimentos mais firmes, descendentes com a palma e ascendentes com os punhos, até colorir toda aquela superfície de poros. Confesso que às vezes as mãos embalavam ao ritmo do violão, aí jogava mais óleo, ninguém olhando, eu ria, e seguia. O cheiro de laranja doce também ocupava as brechas da minha confiança no ofício, e, esquadrinhado o corpo, passei a executar o plano matemático de fricções. Eu era precisa. Até as sobrancelhas eu agraciava com método: dez leves puxadas com os dedões, do centro para as têmporas.

Não sei se foi a bebedeira desmedida da noite anterior que eclipsou nossos padecimentos. Se foi a massagem, dita por ela fenomenal e, sabida por mim, metodicamente ritualizada. Ou se combinadas. Mas o fato é que as dores lombares de Dainerys desapareceram, e a família passou a creditar o milagre à minha performance. Havia anos ela sofria com aquelas dores. E olhe que todos ali são exímios conhecedores dos extraordinários poderes curativos contidos em garrafas de rum. Bem, deu certo.

Deu certo demais.

O telefone fixo começou a tocar mais que o normal. Como era Lys, a dona da casa que eu alugara, quem atendia, perguntavam a ela se podiam agendar horário com a *brasilenã*. Ao assisti-la ali, recém-empossada como minha secretária, eu só ria; assim fui compreendendo, com meu parco espanhol, quanto a mãe de Dainerys havia feito minha propaganda pela *calle*. Eu não sabia, mas estava prestes a viver uma personagem que havia inventado sem medir o alcance: acabara de ser promovida de turista controlada a massagista gringa.

Era uma segunda-feira à tarde, e, de repente, estava lotada até sexta. Com fila de espera. Gelei.

Cumprir a agenda que a propaganda de boca me dadivou me extenuava. A chegada de cada suposto novo cliente guardava expectativas altíssimas de parte a parte. Na pessoa massageada, por eu ser uma *brasileña parada* na Ilha apta a massagens aprendidas no outro lado do mundo. Em mim, por ter que dar conta das técnicas que, bêbada, certamente dissera dominar. Tinha trabalho dobrado, portanto. Então, criei um escape.

No começo e no final de toda sessão, tentava afastar suspeitas com algo que o cubano sabe fazer como ninguém: entabulava uma conversa qualquer e deixava fluir. Os cubanos são ótimos interlocutores. Amáveis, cultos, bem informados e caprichosos nos sorrisos, não era sacrifício perder as horas num bom papo. Me aproveitei disso e fui construindo uma nova rede de amigos em Havana. A cada conversa uma descoberta nova era inserida no meu portfólio de experiências, principalmente nas de costumes, diferentes do que já vira ou vivera no Brasil. Um que chama a minha atenção é sobre os casamentos. Todos e todas as clientes com quem conversei estavam do terceiro casamento para a frente, "e contando", diziam. A amiga que me acolhia estava no quarto, e seu marido, Antonio, no quinto. Outro casal, Lucía e Pepe, ela no terceiro, ele no quarto. Preencheria várias linhas aqui com exemplos assim. Deduzo que a Revolução foi quem suprimiu a pressão que a Igreja exerce desde a Idade Média sobre as sociedades adeptas do "até que a morte os separe", sei lá. O que sei é que o cubano, na maioria daqueles com que convivi, é um espécime sincero nas suas relações. Acabou o amor, acaba o casamento, e tá tudo bem. Convivem bem com isso e casam de novo, sem muitos dramas, inclusive morando perto dos ex, sem problemas. O resultado é que essa liberdade, naquele pequeno universo, tende a produzir relações menos tóxicas, OK, numa aferição bem meia-boca, só minha. Achei isso bom.

O óleo despejado em excesso logo na primeira semana no meu novo ofício cobrou o preço da falta de planejamento, mas dei graças a Deus, ops!, dei graças ao bloqueio. Ao entrar na segunda semana, tive que fechar a agenda por falta de insumo, e isso todo cubano compreende bem. Acabou o óleo, acabaram-se as massagens. Lys explicava ao telefone: "Uma massagista do gabarito dela não faz massagens a seco". Eu ria.

Ficou a rede.

Nos quatro meses em que permaneci em Havana, nenhum dos meus clientes deixou de me visitar para jogar conversa fora ou comentar os livros de Padura e tomar uns tragos. Fiz fama e abandonei a carreira em pleno auge, mantendo a expectativa de um retorno às atividades quando chegasse uma nova carga de suprimentos. Não chegou, e, ironia, fui salva pelo bloqueio econômico que impede que as gôndolas dos mercados tenham simples frascos de óleos para massagem, mesmo de marca furreca.

Até hoje não sei em que momento — da bebedeira, por certo — revelei para a família de Dainerys minha "especialização em massagem" quando fiz uma viagem para a Tailândia, em 2017. Só não contei que o meu único contato, literal, por sinal, com a ciência, ou arte, da massagem foi pagando por massagens todos os dias pelo período em que permaneci naquele reino. To-dos os di-as. O serviço era muito barato, a oferta era muita, então, todo santo dia, às 6h da tarde, me entregava às mãos fabulosas de uma tailandesa baixinha, sorriso miúdo, que corria com as mãos juntas para abrir a porta ao escutar minha chegada. Nunca trocamos palavras. Sorrisos eram nosso idioma particular. As mãos juntas, levadas sob o queixo, eram para ambas a tradução perfeita de satisfação. Eu encarava o seu último sorriso como um "obrigada pela preferência, volte sempre", e ela assimilava a gorjeta e o pagamento do dia seguinte como mais uma reserva de horário na agenda. Toda a minha gloriosa experiência com massagens foi deitada naquela maca de Nida, sendo a massageada. Coisa de marajá, mas que convertido, na época, não dava mais que trinta reais por sessão de duas horas e meia. Irresistível.

Encharcada de rum, acreditei que poderia saltar da maca para o lugar de Nida e dissipar todas as dores de Dainerys. Sóbria, agenda lotada e a secretária prometendo encaixes, tremi na base. Mas, atrevida, sabendo que minha parca experiência no ofício era totalmente insuficiente sequer para um primeiro esfrega mais convincente, sustentei a personagem. Minha inautenticidade não haveria de ser descoberta, assim, tão na primeira semana...

Aliviada pela agenda vazia, mas com a fama em dia, lembrei de quando dirigi uma ambulância no trânsito caótico de São Paulo e concluí que meu *know-how* de impostora já tinha me levado a operações muito mais perigosas do que aquela minha presentemente bem-sucedida tentativa de me passar por massagista internacional. Com especialização em cara de pau.

ADOLESCÊNCIA TARDIA

Aprendi, sobretudo,
a escutar histórias

Viajar sempre implica a obrigação de conhecer os pontos turísticos, senão parece que a viagem não vale. Sempre vai haver alguém a perguntar se você conheceu esse ou aquele lugar. Depois de várias dessas, o meu desejo era experimentar a tranquilidade do cotidiano, brincar de ser uma local: comprar a própria comida, cozinhar, fazer a cama, o café da manhã e em Cuba, especialmente, provar como é tirar a *siesta*. Coisas que em casa vão se acumulando ou fazemos no automático. Fazemos para subsistência, pura e simples, sem dar conta do prazer que pode ser tirado desses pequenos atos do dia a dia. Simplesmente porque estamos com a cabeça nos compromissos do trabalho, sempre prioridade.

Em viagem, esses pequenos afazeres me dão a sensação tranquila de pertencer ao lugar. Meu espírito ansioso assimila melhor que não necessito fazer nada na correria. Como eu decidira pertencer a Havana naqueles 22 dias de fevereiro de 2021, quando a pandemia estava correndo solta no mundo e a vacina era uma promessa em vários países, é claro que deu tudo errado, mas deu certo.

Aluguei um apartamento só para mim em 12y23, coração do Vedado: salas amplas com uns sofás confortáveis, quartos com janelas grandes, banheiros branquíssimos. Da sala estendia-se um balcão bem charmoso para a rua. Inteiro mobiliado. Nas fotos, me encantou o sol entrando casa adentro.

Acertada a data da minha chegada e os valores da locação, comecei a pesquisar os mercados próximos e imaginar as comidinhas e os lanches que ia fazer antes de me pirulitar por Havana toda, sem horário para nada e nenhum compromisso. Do jeito que gosto.

Acontece que a pandemia tinha seus próprios planos. E, ainda que neles estivesse escrito que eu sobreviveria, os 22 dias de pertencimento que desejava se transformaram em quatro meses. É certo que quatro meses foram os piores em número de mortes no Brasil, e eu salva em Cuba. Foi o período dos aeroportos fechados, quando o mundo civilizado reconhecia que só a vacina salvaria as vidas e as economias dos países. Com o Brasil sem um governo civilizado naquele momento, eram milhares de mortes por dia e nenhum plano de vacinação à vista. Em Cuba, eu dormia e acordava com o único desejo de ver anunciada a vacina para turistas. Ainda não sabíamos, mas o Brasil estava num impasse genocida entre fabricar cloroquina na escala dos milhões e não comprar a vacina da Pfizer para pagar propina também na escala dos milhões de dólares para uma empresa indiana. No ano seguinte, uma CPI revelaria a sordidez do momento.

Depois do desespero inicial que me fazia chorar lendo os informes oficiais de que por tempo indeterminado os vinte voos semanais passaram a ser apenas dois autorizados a decolar de Havana para a Cidade do Panamá, parei de me descabelar. No começo, inconsolável, ia todo santo dia pela manhã à porta da companhia aérea e encarava uma fila com mais de cem pessoas na minha frente para simplesmente saber se meu nome estava na lista dos próximos voos. Nunca estava. À custa de muito floral elaborado pela Marcia e conversas com a Lys, comecei a relaxar pegando as tais das filas cubanas, que na pandemia triplicaram de tamanho. Se eu não tinha data para voltar para o Brasil era porque quando fiz os planos de viagem, naquele fevereiro de 2021, momento em que já sabia tremendamente crítico, Deus deu uma risadinha sarcástica: *aha, a teimosa vai...*

Preenchia o tempo nas filas sempre com alguma conversa simpática. Invariavelmente, a pessoa puxava o assunto da novela para começar, e eu emendava outros. A fila andava sem percebermos. Quando o papo demorava a começar, olhava à volta e refletia quanto a minha vida longe de casa não estava tão mal. No Brasil, quem estava trancado em casa era porque podia se dar ao luxo. A maioria, os pobres, estava correndo risco, e morrendo. Afinal, eu estava a salvo de me contaminar com o vírus e ser medicada à força com cloroquina. Ou, pior, morrer sem oxigênio. Aos poucos, fui desistindo de ir à porta da companhia aérea e encontrando outras filas para me distrair. E sobreviver, claro, já que fazia compras apenas de comida. Qualquer outro tipo de comércio aberto estava proibido.

Todo dia a volta da rua obedecia a uma norma. Na entrada, ao lado da porta, Lys deixava um pano de chão e uma garrafa de cloro. A ordem era esguichar o cloro e pisar no pano antes de entrar. Ao lado da maçaneta, uma garrafa de álcool para espirrar nas mãos. Aí sim, ritual cumprido, entrávamos. Eu me sentia muito civilizada obedecendo à regra porque esse era o procedimento em absolutamente todas as casas de Havana. Era possível ver da rua as garrafas de cloro ao lado de cada porta. Como a medida sanitária era divulgada na televisão pelo Ministério da Saúde, existia uma consciência coletiva da sua importância. Ninguém chiava. O mesmo acontecia com o uso das máscaras.

A permanência da proprietária na casa que eu aluguei pelos 22 dias, o que de imediato à minha chegada me desagradou um pouco, aos poucos foi sendo a minha salvação. Lys não me deixava entrar na cozinha. Preparava meu café da manhã ao escutar os barulhos do meu despertar, mais tarde fazia o meu almoço e, à noite, o lanche. Não me deixava entrar na cozinha, dizendo que eu era hóspede e merecia o mimo. Assim, meus planos iniciais de fazer minha própria comida iam cedendo ao conforto da comida na mesa, deliciosa. Saladas decoradas de tomate, cebola, beterraba e cenoura vinham antes do arroz *congri,* sempre acompanhado ou de frango grelhado ou de bisteca de porco. Quando ela conseguia uma carne de boi, festejava ao pô-la à mesa. A carne bovina é muito rara em Cuba, haja vista o motivo óbvio de a ilha não ter imensidões em terras para o pasto. Mesmo assim ela conseguia, e, uma pena, eu não valorizava a aquisição como talvez ela esperasse.

O hiato que a pandemia impôs, ao mesmo tempo que trazia a crueza das incertezas, também me proporcionava um tempo para repensar a vida que eu estava levando no Brasil. Eu tinha escolha, se sobrevivesse. Me prometi cuidar da saúde, fazer ioga, aprender a nadar e andar de bicicleta, fazer cerâmica, essas coisas que sonhava há muito, mas a tradicional correria não me deixava fazer em tempos normais. Fui à luta.

Pela manhã, despertava e corria a abrir a porta do balcão que dava para a rua. Afastar as cortinas das janelas e sentir o sol entrando pela sala me enchia de contentamento e ânimo. O sol tem esse poder energizador sobre mim desde criança. Mas era o cheiro do café que Lys coava na cozinha que completava o meu alegramento para mais um dia de atividades, como se fosse uma adolescente com a agenda cheia de novos aprendizados.

Em cada fila fiz uma amizade que me oferecia um ganho adicional. Camilo me convidou à sua casa para me ensinar a respirar embaixo d'água, e eu fui. Pipo arrumou uma bicicleta para me ensinar a andar, e fui também. Suzana conseguiu argila. Não entendi bem de que jeito, mas o fato é que chamou para me ensinar rudimentos da cerâmica, e amei me lambuzar no barro para fazer um simples prato. Dulce, na sabedoria dos seus 79 anos, me convidou para praticar ioga com ela, e me curou. Eu estava vivendo uma espécie de adolescência tardia, com o luxo de variadas atividades, uma a cada dia da semana. Para quem tinha começado a trabalhar aos catorze anos e não tivera tempo para esses luxos básicos da classe média, estava muito bem. Os ganhos eram visíveis na minha régua de felicidade. Junto, além de um joelho ralado e as unhas incrustadas de barro, veio a imensa descoberta do prazer de aprender coisas novas. Mas aprendi, sobretudo, a escutar histórias.

Dulce, na fila da farmácia, me ensinou muito além da ioga. Me contou que desde jovem, quando foi estudar em Moscou, não cumprimentava homens dando a mão. Sabia que eles faziam xixi e não lavavam as mãos, fossem russos ou cubanos. Morri de rir ao me reconhecer nela. Aderi. Incluí os brasileiros nesse rol e repito sua cartilha. Na hora do cumprimento, engano com um sorriso largo. Faço um olá perto do rosto e vou inibindo mãos alheias, que não sei onde andaram pegando.

Aprender a andar de bicicleta quase aos cinquenta anos parecia uma atividade de risco exacerbado, mas, para além de um joelho ralado e marcas do pedal na canela, conhecer Pipo na fila do sorvete me encorajou a atravessar o Caminho de Santiago de Compostela, quase 800 quilômetros sobre as duas rodas da *Fidelita*, minha bicicleta de estimação.

Foi na fila da companhia aérea que conheci Suzana e Walter. Ambos me levaram para o universo milenar da cerâmica. Antes deles, jamais imaginei que minhas mãos fossem capazes. A cerâmica ganhou a cozinha da minha casa e uso os pratos, copos, jarras, xícaras, saleiro, *bowls*, travessas, tudo que eu mesma moldo, esmalto e queimo para se transformar em utensílios práticos e decorativos. Digo que, depois deles, pude restaurar no meu dia, adulta, algumas horas de brincar.

Foi a partir de uma fila que, finalmente, nadar deixou de ser um pesadelo de noites maldormidas e hoje não me afogo mais, embaixo do chuveiro, ao menos. Lili e Renato: conheci-os na fila do mercado prestes a fechar e com controle de entrada por causa da pandemia. Com ele, italiano, entrei numa disputa feroz por uma caixa de molho de tomate que sobrou na gôndola quando ela, cubana, solidária, se ofereceu para dividir comigo os dois últimos pacotes de espaguete. Fiquei comovida com a disposição e propus juntarmos tudo e marcamos um jantar. Mergulhadores profissionais, na manhã seguinte estavam os dois me ensinando os preceitos básicos da natação na piscina da própria casa.

No dia da minha partida, fechei a conta das modalidades que aprendi: praticar ioga, fazer cerâmica, pedalar e nadar. No cômputo de ganhos nos quatro meses presa em Cuba, foi a minha vez de dar uma risadinha sarcástica para Deus: *aha, a teimosa se virou.*

LYS

Monstro invisível, o vírus mundial era levado bem a sério em Cuba

Depois de voltar da casa da Lys, nunca mais abri uma cortina no automático. As cortinas da minha própria casa ganharam outro status na minha vida. Puxo um lado solenemente, depois o outro. Fico à espreita. Respiro devagar. Não sou muito de nenhuma religião, mas tenho sentido que é nesse exato segundo que experimento já pela manhã uma espécie de comunhão particular com o universo. A luz e a quentura do sol que entram juntas pela janela de casa agora são para mim carregadas de uma outra energia, coisa que não conhecia antes desse tempo em que morei na casa da Lys.

Uma casa que aluguei para ficar só vinte dias e na qual permaneci quatro meses. Onde, do meu quarto, todas as manhãs, ao escutar o primeiro bate-bate das louças na cozinha, sentia como um sino me chamando à vida. Abria minha porta e ia direto puxar as imensas cortinas cor de vinho que vestem a sala com uma sacada para a rua. Se não fosse uma imensa boneca no canto, dos pés à cabeça vestida de amarelo, homenagem à Nossa Senhora da Caridade do Cobre, padroeira de Cuba, que cismei ser uma baiana a caráter, a decoração é quase clássica, com uma cristaleira de encher os olhos na outra parede. De manhã, o ritual de ver o sol de um amarelo profundo acender a casa inteira como se fosse um gigante *spot* de iluminação que eu mesma tinha o poder de ligar passou a ser o meu despertar de verdade.

A minha permanência forçada na casa, sem saber quando abriria o aeroporto, não foi um mar de rosas. Tinha tensão, principalmente de minha parte, que não sabia como seriam os meus gastos fora do período inicial contratado. Eu a pagava em dólar, mas não podia continuar pagando ao preço de turista por um tempo que eu nem sabia quanto seria. E tinha o vírus. O momento sanitário era extremo. A transmissão do vírus estava no auge, e eu não saía do meu quarto sem duas máscaras tapando nariz e boca. Na rua usava três. A vacina era só uma promessa. Lys mantinha na porta, tal qual em todas as casas cubanas, um pano de chão e uma garrafa de cloro. Cada um deveria espirrar o cloro no pano, pisá-lo, abrir a maçaneta da porta, pegar outra garrafa com uma mistura de álcool e cloro que ficava sobre o móvel na entrada, espalhar nas duas mãos, e na maçaneta de fora e de dentro, e só daí entrar. Como eu respeitava direitinho essa norma nacional, acho que foi aí que comecei a ganhar o afeto da Lys. Muito correta com a precaução, ouvia às vezes ela contar ao telefone para Alicia, preocupada com a presença estrangeira na casa da amiga no auge da pandemia, que a *brasileña* era cuidadosa, nem parecia turista. Eu era o que nunca fui: correta com as regras.

Pela televisão, sabia que se pegasse covid seria imediatamente isolada num hospital, mesmo com sintomas mínimos. Era o protocolo. E era verdade, porque uma manhã acordamos com duas ambulâncias do Ministério da Saúde na frente do prédio vizinho. Acompanhamos das nossas janelas os profissionais da saúde vestidos de astronauta isolando o lugar e levando para o hospital, provavelmente, as pessoas contaminadas. Parecia cena de um filme que eu, sem noção ao viajar na pandemia, tinha escolhido pular de espectadora segura no meu sofá de casa para o papel de figurante, assombrada na janela. Então, além dos informes na TV, vi bem perto de mim que a coisa era séria.

Nove da noite, da minha sacada via a polícia nas esquinas, em fiscalização da hora-limite para circulação. Nos quatro meses em que permaneci em Havana — outra norma era não sair do perímetro da cidade —, não vi crianças na rua. Todas de até 18 anos tinham a ordem para ficar dentro de casa, enquanto os institutos trabalhavam no desenvolvimento da vacina. Nem podia crer que obedecessem tão fielmente e, quando fazia minhas caminhadas, andava procurando ver as que desafiassem as normas sanitárias. Nenhuma. Ao mesmo tempo, pelo noticiário do Brasil, aqui a discussão era se o comércio deveria ou não ser fechado, além do lobby das escolas particulares pressionando para serem abertas. Era o oposto absoluto no trato com a coisa. Monstro invisível, o vírus mundial era levado bem a sério em Cuba.

Assim como já tinha um ritual da manhã, as noites também ganharam uma cerimônia. Assistia ao pôr do sol no Malecón e subia a *calle 12* a passos acelerados para chegar no máximo às 21h em ponto na porta do prédio. O policial da minha esquina já me conhecia — ou me vigiava, não sei — e à minha chegada deixava o posto. Lys me esperava aflita na sacada, temendo que algum dia eu perdesse a hora e fosse importunada. Era dessa hora em diante que nos achegávamos no balcão, sob a lua, para tomar rum e falar da vida. Até charuto eu fumava.

No começo, fomos tateando a vida uma da outra, naquela dança gostosa que só mulheres com histórias para contar sabem fazer entre si. E quanta história Lys tinha para contar! A infância e a juventude no campo da província de Camagüey, os casamentos, os amores, até chegar como executiva da empresa estatal responsável por absolutamente todo o vestuário esportivo dos atletas do país. Ela cuidava do processo desde o desenho até a entrega, do beisebol à esgrima, passando por vôlei, basquete, ginástica, remo, todos! Isso não era pouca coisa.

Acostumada a receber hóspedes europeus, principalmente italianos, eu era a primeira brasileira que ela abrigava em sua casa. E também a primeira quando o aeroporto foi reaberto — depois de nove meses totalmente fechado —, ainda que com severas restrições, como a de a pessoa precisar permanecer cinco dias em isolamento num quarto de hotel. Iludida que a pandemia estava com os dias contados, paguei para ver. Os estrangeiros surpreendidos pela pandemia em Cuba, que não saíram nos primeiros dias, eram residentes de toda sorte, de estudantes a diplomatas. Em toda a Havana, acho que só eu era estrangeira de visita. Era a *brasileña varada* pela pandemia e, no prédio, já suscitava nos vizinhos o sentimento de pena pela minha condição. Só eu estava feliz de estar a salvo.

Lys me carregava para todo canto. Eu a acompanhava no banco, no mercado, na farmácia, nos correios, em todo lugar aonde ela precisava ir para resolver coisas do dia a dia. E ela me acompanhava todas as manhãs até o escritório da companhia aérea, a fim de tentar um assento nos dois voos por semana autorizados a partir de Cuba. Com o tempo passando, a coisa piorava no Brasil em número de mortes e descaso do governo. Passei a ir até o escritório da Copa, já torcendo para meu nome não estar na lista. Até que parei de ir e comecei a contar só com a ajuda de amigas no Brasil que tentavam remarcar meu voo, por telefone, em São Paulo. À noite, assistia pela internet ao William Bonner revelar no JN o número de mortes no Brasil nas últimas 24 horas e pedia a Deus para continuar fora da lista dos sorteados para embarcar. Sentia como se o acaso estivesse me protegendo de ser sorteada para morrer. Nesse período, perdi um tio, uma prima, cinco amigos e duas vizinhas. A cada notícia dessas, ainda mais eu me conformava que Cuba era o lugar para estar a salvo da roleta-russa que estava sendo a covid no Brasil.

Mas Lys me levava além do dia a dia. Fui parar dentro da família, dando pitaco nos dramas com o marido, a sogra, os irmãos e o filho, e participando dos encontros de domingo para jogar dominó, mania nacional, e tomar rum, claro. Sua *mamá* era a minha também, e passei a cuidar para que tomasse o remédio da pressão *las 8 de la mañana en punto*. Fiquei da família.

Estar dentro desse núcleo me aproximou ainda mais de Lys. Viramos *hermanas*. Comigo, ela que tem TOC para limpeza aprendeu *a apagar la luz y cerrar la puerta* deixando a louça para o dia seguinte. Com ela, aprendi que estava tendo os primeiros calores da menopausa, algo bem inesperado para mim, ainda mais no estrangeiro. Não sabia que a menopausa chegava de mansinho, mas se instalava feito um furacão. Caí na real de que a vida estava passando rápido demais e eu tinha de correr se quisesse viver algumas coisas inconfessáveis. Numa noite, tomadas de rum, fizemos uma lista dessas coisas e rimos até as três da madrugada, quando desabamos *borrachas*, cada uma em um sofá da sala.

Com ela dividia minha vontade, e quiçá plano, de viver seis meses em Cuba e seis meses no Brasil. Algum negócio, qualquer coisa. Quebrávamos a cabeça. Cuba não é como o Brasil ou os Estados Unidos, que têm um sistema com muita gente para dar rasteira e muita gente para cair. Pelo seu lado, me dizia: *soy empreendedora y me gusta sacar agua del coco; ocorre que aqui no hay coco, pinga*. Eu me resignava.

Na manhã em que parti para o aeroporto, pedi a ela que abrisse a cortina comigo. Tiramos as últimas fotos. Choramos em abraços de despedida. À boneca que ela devota fé e proteção, e que eu fingia acreditar que era Nossa Senhora, fez uma oferenda de milho de pipoca e pediu em silêncio reverencial que eu chegasse sã e salva em casa. Lys me ensinou que o amigo que nos põe em suas orações nos eleva à categoria de irmão. De lá para cá, nomino os meus mais amados, todas as noites, antes de adormecer.

EM BUSCA
DE PADURA

Havana concentra o maior número de
curiosidades por metro quadrado do mundo

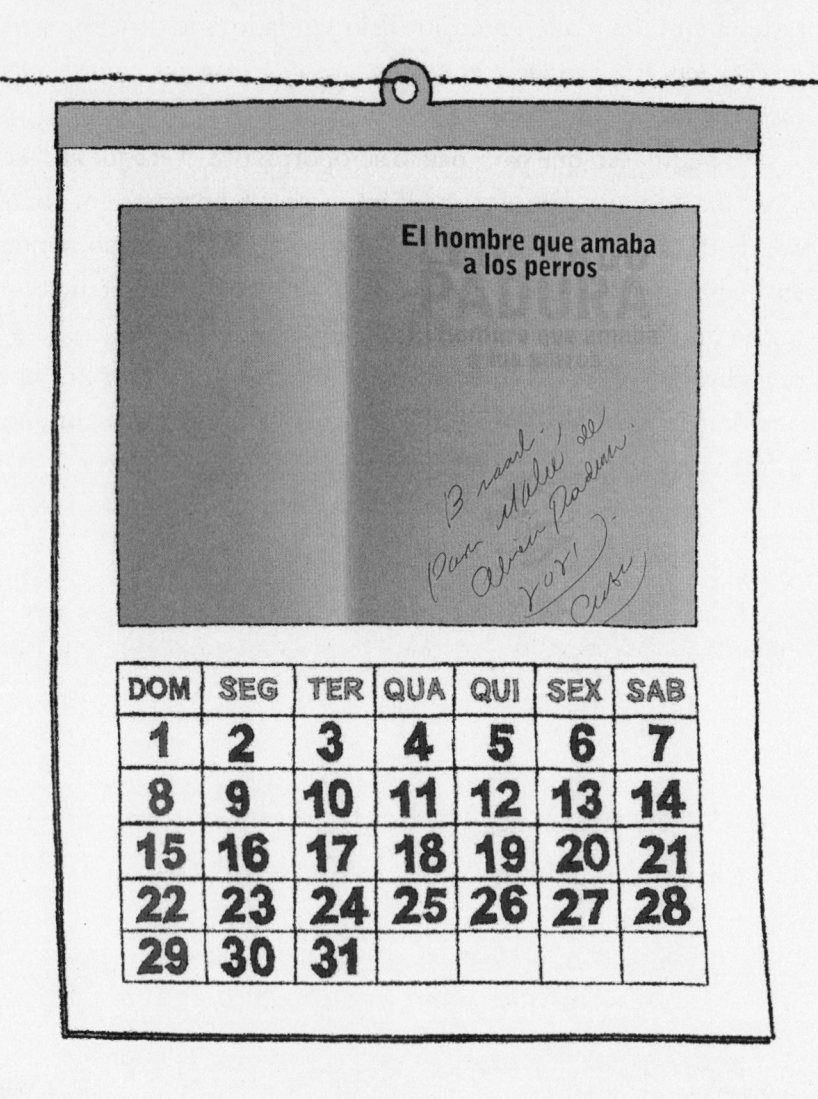

São muitas as camaradagens que um amigo cubano sabe ofertar. A que mais me toca é a generosidade. À menor insinuação de interesse, gastam tempo mostrando atrações peculiares para nós, estrangeiros. Que são muitas. Ao se habilitar para bancar o guia, o cubano é uma criatura que não tem pressa.

Havana concentra o maior número de curiosidades por metro quadrado do mundo. Acho incrível que um pedaço tão exíguo de terra, constantemente ameaçado por dois gigantes, o mar e o vizinho (EUA), ofereça de cem em cem metros um acontecimento histórico, por exemplo.

A gente vai passando e se dando conta: aqui, neste prédio, Fidel Castro declarou para uma multidão o caráter socialista da Revolução; adiante, a oitenta metros, o maior cemitério da América Latina; ao lado, o estúdio de dança Carlos Acosta, o primeiro bailarino negro a estrelar no Royal Ballet de Londres; abaixo, a duzentos metros, as locações de *Velozes e furiosos*; mais à frente, a praça em que o rei Charles fazia foto com a Camilla quando ainda era príncipe; colado, o restaurante preferido do Benício del Toro. Se seguir, passa na casa da esposa do Che Guevara. E assim vai.

Desde que li *O homem que amava os cachorros*, sucesso do escritor Leonardo Padura entre leitores brasileiros, e para mim a porta de entrada para a riquíssima literatura cubana, transitar por Havana me instigava a identificar lugares pisados pelos seus personagens. Mas eu queria mais. Sem cerimônia, perguntava a qualquer cubano se conhecia o escritor. E pedia na lata: Me leva lá?

Como sei que a sorte me sorri sempre, mesmo em meio à maior pandemia do século não foi diferente. Os deslocamentos pela cidade ainda eram perigosos, apesar do avanço da vacinação. Embora carregasse em mim o pavor pelo risco de contágio, minha sorte, nesse caso, teve um nome. Aliás, dois: Isabel e May.

Conheci Isabel num desses acasos auspiciosos que só concebemos graças ao advento da internet. Um amigo no Brasil viu no

Instagram que eu estava varando um hipotético perrengue ao não conseguir voo de volta. Pensou que eu podia gostar de conhecer em Havana a família que o abrigava em suas viagens. Guilherme é dessas figuras raras que reúnem sensibilidade e talento. Depois de percorrer de um canto a outro da Ilha fotografando ao ar livre, escreveu um livro *On the road with Fidel*. Generoso, me ofertou o endereço e o abraço de dona Armínia, Isabel e Camilo Ernesto, mãe, filha e neto, que eram sua casa em Cuba.

Isabel foi um mar, maior que o do Caribe, de generosidade comigo. Me acolheu como se eu fosse irmã de Guilherme. Trouxe May, sua melhor amiga. Juntas, me levaram de *guagua* até a periferia de Havana. Uma viagem tocante para quem não sabia se voltaríamos a usufruir de alguma normalidade. Havia já meses não fazia um passeio que pudesse considerar rolê, no estilo que conhecia antes da pandemia. Com aglomeração, então, nem pensar. No noticiário, milhares de mortes em todo o planeta eram o assunto em cem por cento do tempo. Em Cuba, o pavor do vírus ia se dissipando à medida que avançava a vacinação. Uma parte da população já estava vacinada, principalmente os *maiores*. Avançava também o ânimo. Eu me sentia salva.

Conforme nos aproximávamos da casa de Padura, May falando com um e com outro, todos informavam numa espécie de lamento que *"el escritor está en España"*. Não importava. Sou tiete do tipo que se contenta com qualquer coisa, e bater perna pelo bairro que o inspira já me fazia feliz. Liguei os ouvidos para ver se presenciava sua maior reclamação de morar ali: ser obrigado a ouvir *reggaeton* o dia inteiro.

May e Isabel me levam até os portões da escola La Vibora, que aparece nitidamente em seus livros quando menciona amigos de infância. Depois, à igrejinha. Reconheço as fachadas como se já me fosse familiar aquela arquitetura decadente, periférica e poética. Mas eram as pessoas passantes que tomavam a minha atenção.

Queria reconhecer nelas os personagens dos seus romances, como o Mario Conde e a Tamara. Exultante, era como se já tivesse zanzado por tudo ali. As páginas de um livro têm esse poder.

Da calçada, de onde avisto a casa verde assobradada, dou graças por ele e Lucía, sua esposa, não estarem. Receio perder as estribeiras e a minha tietagem ultrapassar o razoável, constrangendo o casal com abraços que em tempos de pandemia são imperdoáveis.

Da porta, uma senhora baixinha, não mais de um metro e quarenta, máscara e avental de quem estava ao fogão e saiu para espiar a rua, faz sinal para que eu me aproxime. *Venga, venga, brasileña. Leonardo no está, pero yo soy su mamá y lo quiero decir que me gusta mucho el Brasil.*

Vou.

Dona Alicia abre o sorriso e o portão. Me comove, desandando a falar quanto gosta do Brasil, sem nunca o ter visitado. Ama só pelas novelas. Sabe escrutinar meu país por região, coisa que nunca fiz, nem na escola, nas aulas de geografia. Mas Alicia sabe tudo dos produtos do Brasil. Tem os seus preferidos: as tintas de cabelo, o arroz e o frango brasileiros, segundo ela, os melhores. Cuba tem que importar tudo o que consome, afinal é uma ilha que vê sua economia girar à base de turismo, rum e charuto.

O pensamento voa. Admirando aquela mulher de movimentos lentos, mas firmes, que me surpreende com carinhosa atenção, desligo dela um segundo para desejar que o universo também me conceda a dádiva de uma longevidade com lucidez. Não para opinar sobre a paz mundial ou o aquecimento global, mas sobre as futilidades que literalmente dão cor ao cotidiano, como a cor de um esmalte ou da tinta de cabelo.

Recordo uma amiga que todo aniversário me telefona para repetir que "precisamos fazer as coisas enquanto temos ânimo, porque vai chegar uma idade em que não vamos querer mais nada". Isso sempre me assusta há alguns aniversários. Tenho uma lista de coisas que não quero mais fazer: sair à noite, fazer reforma, trocar de celular, pular Carnaval, beijar novas bocas, mudar o mundo. No aniversário de 2002, a lista cresceu: escrever outro livro, nem morta.

Examino o cocuruto de dona Alicia. Acho graça do cabelinho bem pintado e emano para o universo que me dê ânimo para manter uns fios de vaidade — nem que seja na estrambólica cor acaju — se eu conseguir chegar lá. Sentadas como duas amigas de velha data, com uma xícara de café Cubita fumegando entre nós, nos pomos a fazer o que duas amigas sempre fazem bem, que é falar de uma terceira. No caso, amiga só dela, mas que eu já a queria minha também, depois de ela me brindar com a sua história digna de roteiro de filme.

Emma foi como um furacão que passou por Cuba e, tal qual, foi capaz de desalojar o próprio Fidel Castro das suas casas sempre variadas por toda a Ilha. Funcionária da Embaixada dos Estados Unidos em Havana, Emma apaixonou-se por ninguém menos que o chefe de toda a segurança do Comandante. E ele, perdidamente, por ela. Antonio, seu nome. A história de amor não seria nada de mais, como tantas outras entre um cubano e uma americana, se Emma não trabalhasse para a organização que tentou matar Fidel Castro por 638 vezes. Antonio ficou preso por um ano para que todo o esquema de segurança do Comandante, que envolvia residências, rotas e pessoal, fosse completamente refeito, enquanto Emma foi embora, para preparar a nova vida do casal num país estrangeiro aos dois.

A saudade da amiga a empolga, e ela busca uma foto do casal. É do dia do casamento, e eles passeiam em uma colorida traineira. No fundo da foto, alegres *mariachis* revelam que estão no México, precisamente nos canais de Xochimilco. Felizes.

No último gole de café, abismada com a coragem desses dois de largarem suas histórias para juntarem-se numa história só, dona

Alicia me fez lembrar como eu adoro saber sobre as coisas que não sei. A história de Emma e Antonio me arrebatou dias. Pensei quão violento pode ser um amor assim para abalar tantas estruturas.

Nesse dia, em meio à pandemia, rolês e novos cenários, acabei por não encontrar o escritor cubano que mora naquele sobrado verde, mas encontrei a contadora de histórias que me acendeu a vontade de narrar os episódios deste livro, que atravessam Cuba. E a minha própria história.

AGRADECIMENTOS

Ao Zé Carlos Arruda, pela paciência com o meu vai e vem; Mirna Bicalho, que fez greve de encontros para café e conversa fiada, em represália às minhas paradas na escrita; Camila Boscariol, que me levou ao aeroporto mesmo discordando da minha aventura na pandemia; Ramon Olads, pelas leituras nos mais loucos fusos; Victória Campos, por ser personagem desde a primeira hora e o primeiro perrengue por esse mundão afora, por decifrar códigos de trens, *ferryboats* e aeroportos a furador de papel; Luciana Pavanelli, por ter-me apresentado ao Che, e pelo primeiro "escreve, que vai dar certo"; Márcia Choueri, pelas traduções do espanhol, pelo colo e pelos florais, e por sempre me lembrar que "estamos em movimento"; Juliana Scarso, pelos coques e pela força nas horas em que eu achava que a história não ia rolar bem, não rolava, mas ela estava ali para me apoiar; Carlos de Campos, pelos socorros quando o computador não ligava e a impressora não imprimia; Léo Tavares, pela generosidade desde a primeira linha lida; e, finalmente, Marina, ah, Marina Almeida Monteiro, que não desistiu de mim quando eu travava na escrita e, generosa, orientou, organizou ideias, tirou de mim o que eu não sabia que tinha. Gente, sem a cumplicidade de vocês essas presepadas não teriam acontecido e nem eu estaria aqui para contar.

FONTE Adobe Garamond Pro
PAPEL Polen Natural 80g e Couché fosco 115g
IMPRESSÃO Paym